Dirk-Michael Fleck

Unternehmerisches Innovationspotential aus kultureller Diversität

AF143163

IGEL Verlag

Dirk-Michael Fleck

Unternehmerisches Innovationspotential aus kultureller Diversität

1. Auflage 2009 | ISBN: 978-3-86815-150-3

Die Deutsche Bibliothek verzeichnet diesen Titel in der Deutschen Nationalbibliografie.
Bibliografische Daten sind unter http://dnb.ddb.de verfügbar.

Einen herzlichen Dank an alle, die mich auf meinem bisherigen Weg unterstützten und mit Freude begleiteten. Insbesondere an Reiko und Hugo für die täglich gelebte kulturelle Vielfalt, die anregenden Diskussionen und Kritik sowie dem wichtigsten Motivator – die Liebe.

IGEL Verlag

I

Abbildungsverzeichnis

Abkürzungsverzeichnis

BSC	Balanced Scorecard
EIS	European Innovation Scoreboard
HCM	Human Capital Management
HRM	Human Resource Management
IDC	Innovative Developing Country
IP	Intellectual Property
IPR	Intellectual Property Rights
MA	Mitarbeiter
KMU	Kleinere und Mittlere Unternehmen
KVP	Kontinuierlicher Verbesserungsprozess
LCBS	Lake Constance Business School
MBA	Master of Business Administration
R&D	Research and Development
SII	Summary Innovation Index
UN	Unternehmen
WS	Workshop

1 Einleitung

Woraus entstehen Innovationen? – Ist es ein breites Wissen, spezifische Fachkenntnis, große Erfahrung, Querdenken oder eine kreativitätsfördernde Unternehmenskultur welche neue, bessere und attraktivere Produkte auf den Markt bringen? - Joseph Alois Schumpeter (1883-1950), Vater des Innovationsgedankens, stellte als erster die These auf, dass neue und ungewohnte Denkansätze die Initiatoren einer jeden Innovationen sind. Er beschrieb Innovation als „Prozess der schöpferischen Zerstörung" und meinte damit, dass nur das Neue, die Innovation, die kreislaufähnliche Bewegungsweise der Wirtschaft sprengen kann. Wie bedeutend ist hierbei die Kreativität und Ideenfindung die aus den individuell unterschiedlichen kulturellen Hintergründen oder der kulturellen Vielfalt einer Gruppe entspringt? - Die These, dass unterschiedliche Wertesysteme und Verhaltensweisen auch unweigerlich eine andere Vorgehensweise beim Problemlösen hervorbringen, muss dabei belegt werden.

Die verborgenen kulturbasierten Mentefakten, das „persönliches Kulturgut", werden dabei als mentale Programmierung bereits in der Kindheit vermittelt. Sie sind wenig offensichtliche und teilweise nur unterbewusst vorhanden, so wie die große Masse eines Eisberges, die unsichtbar unterhalb der Wasseroberfläche liegt (Ruhly, 1976). Interessant ist deshalb die Frage: Wie groß ist das Potential, welches Innovationen aus kulturellen Ursprüngen entstehen lässt? Und, ist dieses Potential bisher im unternehmerischen Organisationen nur sehr wenig erkannt und noch gezielt genutzt worden? Für welche Unternehmensbereiche oder –prozesse ist dieses latent vorhandene Innovationspotential überhaupt relevant? Haben kleinere und mittlere Unternehmen im gleichen Masse Zugang zu diesem Innovationspotential. Wie lässt sich dieses Potential erreichen und umsetzten? Welche Aufgaben lassen sich für das Human Capital Management daraus ableiten? Wo liegen die Hürden und Grenzen? – Ein interessanter Fragenkomplex also, der sich am Anfang dieser Untersuchung stellt. Bei der Beantwortung geht es darum, die Individualität und Vielfältigkeit in einem Unternehmen nicht als Problem zu sehen, sondern als ein Erfolgsfaktor zu nutzen.

2   Innovation im globalen und kulturellen Kontext

2.1   Geschichte der Kreativität und des Innovationsgedankens

Von der Antike bis zum Mittelalter wurde die individuelle schöpferische Kraft eines Menschen als Gottes Werk verstanden. Etwa um 1890 beschäftigte sich Sir Francis Galton[1] zum ersten Mal mit der „schöpferischen Begabung" als Konstrukt und versuchte diesen Begriff zu definieren. Die Intelligenzforschung tat sich anfangs sehr schwer mit der Erforschung der Kreativität, da Kreativität sich nicht so leicht wie die rationale Intelligenz messen und als Intelligenzquotient ausweisen lässt. Es zeigte sich auch bald, dass die Kreativität eines Menschen keineswegs mit seinem IQ korreliert. Beispielsweise können Lernbehinderte und sogar schwer Geisteskranke künstlerisch außerordentlich kreativ sein. Andererseits gibt es hochintelligente Menschen, deren Kreativität sich auf dem Niveau eines Kleinkindes bewegt. Beide Intelligenzen - die kreative und die intellektuelle - können sich sogar gegenläufig entwickeln, in der Regel ergänzen sie sich aber.

Anstoß für den Aufbruch in der Kreativitätsforschung war 1950 Guilfords[2] Vortrag über „Creativity" vor der American Psychological Association (APA), worin er den Mangel an kreativen Personen in Wissenschaft und Wirtschaft in den USA beklagte und die Erforschung, Erfassung und Förderung von Kreativität propagierte. Das kritische Ereignis, das zum endgültigen Durchbruch der Kreativitätsforschung führte, war 1957 der „Sputnik-Schock", durch den nun das Defizit der Amerikanischen Wissenschaft gegenüber den UDSSR evident wurde. Der Rückstand sollte nun mit allen möglichen Mitteln wettgemacht werden. Auch der Kreativitätsforschung fiel dabei ein erheblicher Anteil zu.

Erst in der zweiten Hälfte des letzten Jahrhunderts nahmen sich die Psychologen und Kulturforscher dem Phänomen der Kreativität an. Csiks-

---

[1]   Sir Francis Galton (1822-1911) war ein britischer Naturforscher und Schriftsteller. Er wurde 1909 zum Ritter geschlagen und war – wie auch sein Halbcousin Charles Darwin – ein Enkel von Erasmus Darwin. Galton gilt als Gründer der Differenzialpsychologie.

[2]   Joy Paul Guilford (1897 - 1987) war ein faktorenanalytisch arbeitender Persönlichkeits- und Intelligenzforscher. Er war Präsident der APA (American Psychological Association) und wurde bekannt durch sein Intelligenzmodell: „Structure of Intellect". Darin ist der g-Faktor, der Generalfaktor zur Messung von Intelligenz, beschrieben.

zentmihályi[3] (1996, S.79-106) beschrieb die Kreativität als das kulturelle Gegenstück (Meme) zum genetischen Veränderungsprozess (Gene), der die biologische Evolution bewirkt. Als Meme werden dabei die Informationseinheiten, die wir erlernen müssen, um den Fortbestand der Kultur zu sichern. Darunter werden Sprachen, Theorien, Lieder, Rezepte, Gesetze, Wertvorstellungen verstanden, die wir an unsere Kinder weitergeben und dadurch lebendig erhalten. Also das was Hofstede (2005) als „Software of the Mind" ausdrückt. Csikszentmihályi behauptet, dass es diese Meme sind, welche ein kreativer Menschen verändert und wenn genügend einflussreiche Personen diese Veränderung für eine Verbesserung halten, wird diese als Innovation anerkannt und so Teil der Kultur. Dass diese Meme zuerst erlernt werden müssen, bevor sie verändert werden können, bedeutet meistens mühevolle Untersuchung, denn eine Tradition zu verändern ist anstrengend und birgt viele Hindernisse. Wahrhafte Kreativität ist also auch nach der Auffassung der heutigen Psychologie nicht das Ergebnis einer schlagartigen Erkenntnis, sondern Resultat jahrelanger harter Arbeit. So hinterlässt Kreativität ein Ergebnis, das zum Reichtum und zur Komplexität des Lebens in der Zukunft beiträgt. Ob eine Innovation eine Situation verbessert und dadurch indirekt die Lebensqualität erhöht, wird immer von den Menschen und deren kulturellen Hintergrund bewertet. Oder wie Csikszentmihályi (1996, S.98) den Zusammenhang von Kreativität, Kultur und Innovation beschreibt:

Kreativität findet immer in einem kulturellen Kontext statt. Sie muss von einem Publikum wahrgenommen, kritisiert und umgesetzt werden. Kreativität entsteht aus einer Interaktion von drei Elementen, welche zusammen ein System bilden: Kultur (umfasst symbolische Regeln), Einzelperson (bringt etwas Neues in diese symbolische Domäne ein) und ein Feld von Experten (anerkennen und bestätigen die Innovation). Alle drei Elemente sind notwendig, damit es zu einer kreativen Idee, Arbeit oder Entdeckung kommen kann. Kreativität entfaltet sich oft an Schnittstellen verschiedener Kulturen, wo Überzeugungen, Lebensweisen und Erkenntnisse zusammentreffen und dem Einzelnen die Möglichkeit geben, neue Ideenkombinationen leichter wahrzunehmen. In uniformen und starren Kulturen kostet es mehr Anstrengung, neue Denkweisen hervorzubringen. Zur Kreativität gehört ein grenzüberschreitendes Element.

---

[3] Mihály Csikszentmihályi (*1934) ist emeritierter Professor für Psychologie an der University of Chicago

Schon bevor diese Zusammenhänge von Kultur und Kreativität beschrieben wurden, versuchten bedeutende Wissenschaftler die Kreativität des Individuums zu definieren um messbar zu machen. De Bono[4] (1957) prägte unter anderem den Begriff des "lateral thinking", der in der deutschen Sprache als Begriff des "Querdenkens" Einzug hielt. In jüngster Zeit erhielt die Kognitions- und Kreativitätsforschung neue Impulse durch die sprunghafte Entwicklung der Hirnforschung durch die Anwendung neuer bildgebender Verfahren, durch die es möglich wurde, Denkprozesse im Gehirn in verschiedenen Arealen genau zu lokalisieren und so voneinander abzugrenzen. Holm-Hadulla fand heraus, dass die kreativen Begabungsprofile, Motivationen und Persönlichkeitseigenschaften bei Menschen in verschiedenen Betätigungsfeldern - Kunst, Wissenschaft, Politik und Wirtschaftsleben - höchst unterschiedlich sind. Holm-Hadulla (2005, S. 35) war es auch, der den kreativen Prozess in vier Phasen unterteilt:

Vorbereitung -> Inkubation -> Illumination -> Realisierung

2.1.1 Heutige Definition von Kreativität und Innovation

Der Ursprung des Begriffs Kreativität geht auf das lateinische Wort „creare" zurück, was so viel bedeutet wie "etwas neu schöpfen, etwas erfinden, etwas erzeugen, herstellen", aber auch die Nebenbedeutung von "auswählen" hat. In dem Begriff Kreativität klingt aber auch das lateinische "crescere" an, das "werden, wachsen, wachsen lassen" bedeutet. Dieser eher passive, einen von selbst geschehenden Vorgang zulassende Aspekt kommt dem fernöstlichen Denken näher. Kreativität im weitesten Sinn beruht auf der Fähigkeit des menschlichen Gehirns, die Lücke zwischen nicht sinnvoll miteinander verbundenen oder logisch aufeinander bezogenen Gegebenheiten durch Schaffung von Sinnbezügen mittels freier Assoziation mit bereits Bekanntem und spielerischer Theoriebildung (Phantasie) auszufüllen. Das Gedankenspiel gehört als wesentliches Element zur Kreativität. Dabei kommt der weniger begrifflich-isolierenden und logisch-kausalen, dafür aber nonverbal, assoziativ und ganzheitlich denkenden rechten Hirnhälfte eine besondere Bedeutung zu. Beteiligt sind aber letztlich beide Hirnhälften. Da die kreativen Denkprozesse weitgehend unbewusst ablaufen, werden kreative Einfälle, wie schon das Wort nahelegt, oft als Eingebung einer überpersönlichen Intelligenz oder

---

[4] Edward De Bono, geboren 1933 in Malta geboren, entwickelte Trainingsmethoden zur Kreativitätssteigerung wie: Lateral Thinking; Six Thinking Hats; Direct Attention Thinking Tools.

Wesenheit (göttliche Inspiration, Musenkuss usw.) oder als etwas Mystisches erlebt. Im kreativen Schaffensprozess tritt oft ein besonderer Bewusstseinszustand auf, der als "Floating" (Fließen) bezeichnet wird und meist mit einem vorübergehenden Verlust des Zeitbewusstseins einhergeht. Dieser Zustand ist zugleich konzentriert und dissoziativ. Kreative Denkprozesse können auch im Schlaf ablaufen. Die kreative Sinnproduktion ist besonders in jungen Jahren ausgeprägt und wird später zunehmend durch wissensbezogene, logische Sinnproduktion ersetzt. Sie kann aber durch Übung bis ins hohe Alter erhalten bleiben. Andererseits kann diese Fähigkeit aber auch durch eine einseitig auf verbalisierbarem Wissen orientierter Erziehung und Bildung verschüttet werden und schließlich ganz verkümmern. Deshalb gibt es Meinungen, dass das gegenwärtige Schulsystem mit seiner einseitigen Orientierung auf Wissenserwerb und Begrifflichkeit viel zur frühzeitigen Verkümmerung der Kreativität beiträgt.

Hermann Vaske (1999) bezieht sich bei seiner Definition von Kreativität auf die Analyse von Gesprächen mit 91 außergewöhnlichen Persönlichkeiten (Künstler, Wissenschaftler, darunter 14 Nobelpreisträger und Persönlichkeiten wie Dalai Lama, Günther Grass, Wim Wenders oder David Bowie), die das sechzigste Lebensjahr vollendet haben. Daraus beschreibt der die Kreativität anhand von vorgefundenen Charakterzügen, welche, alles in einem, sehr kontroverse zu einander stehen: *„Der Kreative ist weltklug und naiv zugleich; er hat einen scharfen Verstand; er ist diszipliniert aber auch spielerisch; er ist dickköpfig, ausdauernd und stur; er ist phantasievoll, gleichzeitig aber auch bodenständig; er ist originell ohne bizarr zu sein; er ist gerne allein, möchte aber immer in Kontakt mit anderen Menschen stehen; er ist stolz und demütig, ehrgeizig und selbstlos zugleich; er ist rebellisch und unabhängig, bleibt aber traditionell gebunden; er ist fähig den Schaffungsprozess um seiner selbst willen zu genießen."* Vaske hat diese Interviews für den Fernsehsender ARTE aufgezeichnet und publiziert: http://www.why-are-you-creative.com

Innovation heißt wörtlich „Neuerung" oder „Erneuerung". Das Wort ist von den lateinischen Begriffen novus „neu" bzw. innovatio „etwas neu Geschaffenes" abgeleitet. Im Deutschen wird der Begriff heute im Sinne von neuen Ideen und Erfindungen sowie für deren wirtschaftliche Umsetzung verwendet. Ein zentrales Merkmal von Innovationen ist die ökonomische Verwertbarkeit durch Umsetzung des zugrunde liegenden Wissens (Vahs/Burmester 2005, S.44). Nach Schumpeter[5] (1931, S.100) bedeutet Innovation nichts anderes als "die neue und andersartige Kombination der Dinge und Kräfte". Zusammenfassend im Kontext einer Unternehmensorganisation versteht man heute unter Kreativität Eigenschaftsmerkmal und Fähigkeit welche eher einer einzelnen Person als einer Gruppe zugeschrieben werden. Somit wird auch der kreative Prozess meist als individueller Denkprozess verstanden. Unter einer Innovation wird in diesem Zusammenhang ein neues Produkt oder Prozess verstanden, welches als Ergebnis nach vielen einzelnen kreativen Prozessen steht. Hierbei soll der kreative Prozess auch durch Austausch in der Gruppe stattfinden. Die zielgerichtete Ausrichtung aller kreativen Prozesse ist dabei ein betriebswirtschaftliches Konstrukt und wird als Innovationsprozess verstanden (siehe Abbildung 1).

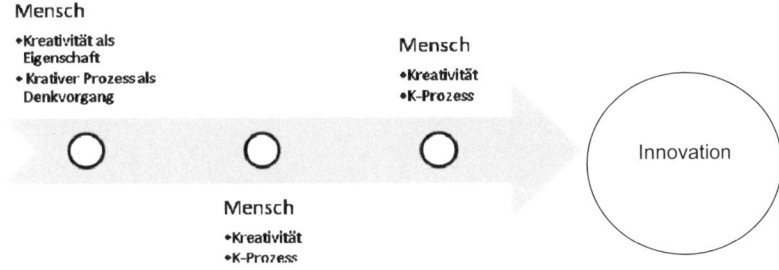

Abbildung 1: Individuelle Kreativität in einem zielgerichteten Innovationsprozess führen zu Innovationen

Das eigentliche Ziel von Innovationen beschreibt Schumpeter (1961, S. 95) als "Durchsetzung neuer Kombinationen" von Produktionsmitteln. Entwicklung ist daher als eine diskontinuierliche, spontane Durchsetzung neuer Kombinationen von Produktionsmitteln zu definieren. Schumpeter führt konkret fünf Formen solcher Innovationen an (vergl. Wahren, 2004, S.18-21):

---

[5]   Joseph Alois Schumpeter (1883 - 1950) war ein österreichischer Ökonom und prägte die Begriffe "Schöpferischer Unternehmer" und "schöpferische Zerstörung durch Wettbewerb".

1. Produktinnovation:[6]

Die Produktinnovation ist die wohl bekannteste und am meisten ausgesprochene Form von Innovation. Der Begriff „Produkt" ist hier jedoch sehr weit zu fassen: Es kann die Herstellung eines neuen Produkts oder einer neuen Produktqualität sein oder was in der neueren Zeit vermehrt auftritt, ein Dienstleistungsprodukt, also eine Serviceleistung.

2. Prozessinnovation:

Bei dieser Form von Innovation geht es darum, betriebliche Prozesse durch die Einführung neuer Technologien, Verfahren und Systeme einzuführen, um so kostengünstiger, kundenorientierter, flexibler oder sicherer operieren oder produzieren zu können.

3. Marktinnovation:

Erschließung eines neuen Absatzmarktes, auf dem ein Industriezweig noch nicht eingeführt war. Dies bezieht sich auf die Art und Weise wie Unternehmen im Markt auftreten und insbesondere ihre Kunden ansprechen und bedienen.

4. Strukturinnovation:

Bei der Strukturinnovation steht die Optimierung oder Neugestaltung von Organisations-, Führungs- und Managementstrukturen im Vordergrund. Ein Beispiel hierfür sind KVPs, die zum Ziel haben, das Zusammenwirken der Beschäftigte effizienter und effektiver zu gestalten. Oder organisatorische Veränderungsmaßnahmen, z.B. Outsourcing von Unternehmensbereichen.

5. Sozialinnovation:

Sozialinnovation findet im klassischen Aufgabenbereich des Human Capital Management statt. Dazu gehören neue Veränderungen zur Verbesserung des Betriebsklimas und der Unternehmenskultur, Personalförderprogramme aber auch Arbeitszeitgestaltung, Gesundheitsschutz, Job-Rotation, welche die Mitarbeiter besser qualifizieren sollen oder die Integrität zum Unternehmen erhöhen sollen.

---

[6] In dieser Arbeit wird vorwiegend auf die Produkt- und Marktinnovationen eingegangen, da dort das größte Potential aus kultureller Diversität zu erwarten ist.

Welcher Neuheitsgrad den soeben aufgeführten Innovationsformen beigemessen werden kann, lässt sich nach Schumpeter in drei Kategorien einteilen (vergl. Wahren 2004, S. 16-17):

a.) Neuinnovation:

Darin werden neue bisher noch nicht dagewesene Ideen oder Technologien realisiert. Neuinnovationen sind meist sehr kosten-und zeitintensiv und basieren auf Forschungs- und Entwicklungsaktivitäten die meist in ausgegliederten Forschungsprojekten und von Großunternehmen vorangetrieben werden.

b.) Anpassungsinnovation:

Hierbei handelt es sich um Innovationen, bei denen etwas bereits Vorhandenes in seiner Funktion verbessert, technisch, optisch oder verpackungstechnisch attraktiver gestaltet wird. Dies wird bei Autoherstellern intern als Produktpflege bezeichnet, in der Werbung aber als die neue Version bezeichnet. Durch Kaizen hervorgebrachte Neuerungen werden meist als Anpassungsinnovation bezeichnet.

c.) Imitation:

Werden bereits auf dem Markt befindliche Produkte anderer Hersteller in ihrem Aussehen, Funktion oder Herstellungsverfahren nachgeahmt, so wird dies als Imitation bezeichnet.

Entstehung und Bewertung individueller Kreativität

Wie schon in den beiden voran gegangenen Kapiteln erwähnt, wurde im letzten Jahrhundert die Begriffe Kreativität und Innovation und deren verschiedenen Dimensionen und Formen definiert. Ein großes Interesse besteht zudem Kreativität- und Innovationskraft messen zu können. Wie heute die kollektive Innovationskraft einer ganzen Volkswirtschaft gemessen wird, ist in den nachfolgenden Kapiteln beschrieben. Die Bewertung der Kreativität, ähnlich wie das Messen des Intelligenzquotienten, stellt sich bis heute noch als sehr problematisch dar. Hier spielt der Faktor der Eigenbewertung des Einzelnen eine Rolle: Wie bewertet der Einzelne seine eigene Kreativität und das daraus entstehende Problemlösungsverhalten im Vergleich zu anderen Personen? Ein Faktor ist aber auch die Bewertung durch andere Menschen, also wie der Einzelne von außen in seiner Kreativität und die daraus entstehende Problemlösungsfähigkeiten bewertet wird. Eine subjektive Sichtweise jeder einzelnen Person ist in der Bewertung also nicht auszuschließen, da jedes Individuum nach eigenen Kriterien bewertet. Solange keine Normwerte zur Verfügung stehen und keine allgemeingültige und bekannte Definition von Kreativität zur

Bewertung herangezogen werden kann, bedeutet dies, dass durch die mangelnde Definition des Begriffs Kreativität die Wertung eines einzelnen Individuums fast immer subjektiv ist. Erst wenn eine Gruppe von Menschen, nach interner Absprache die Regeln und Gütekriterien zur Messung von Kreativität definiert haben, sind diese in der Lage Kreativität einzelner Menschen zu bewerten. Eine Gruppe legt also die Normwerte fest, der Einzelne kann mit diesen konform gehen oder non-konform sein. In der Kunst z.b., erfordert der hier geltende Innovationszwang, dass Kreativität mit Normenbruch bzw. dem Verstoß gegen tradierte Normen einhergeht. Die Bewertung von Kreativität durch eine soziale Gruppe erweist sich als Barriere, wenn eine Problemlösung von der Gruppe für nicht durchführbar gehalten und verworfen wird. In krassen Fällen werden Kreative als verrückt angesehen, etwa wie Leonardo da Vinci, James Watt oder Sir Alexander Graham Bell, die jedoch nach ihrem Ableben gefeiert wurden. Albert Einstein, der Erfinder der Relativitätstheorie, wird in seiner Biografie als aufbrausend und von Selbstvorwürfen geplagt beschrieben. Die Gründe hierfür dürften in dem anfänglichen Unverständnis der Fachkollegen für die Kreativität Einsteins und deren Resultate gelegen haben. Wird eine Idee von verschiedenen Menschen nacheinander gedanklich einer Überprüfung unterzogen, kann es geschehen, dass diese doch für durchführbar erklärt wird. So zum Beispiel das erste Fluggerät nach den Zeichnungen von da Vinci oder die Entwicklung des ersten Fernglases durch die Entdeckung Galileo Galileis. Aus dieser gruppensoziologischen Betrachtungsweise lassen sich Neuigkeiten und individuelle Kreativität auch heute noch schwer messen und bewerten.

2.2 Innovation, wichtiger Wachstums- und Überlebensfaktor im globalen Markt

Die Globalisierung hat weltweit zu erhöhter Konkurrenz und mehr Mitbewerbern geführt. Industrialisierte Länder stehen zunehmend den Mitbewerbern aus innovativen Entwicklungsländern (IDCs – Innovative Developing Countries) wie Brasilien, Indien oder China entgegen. Bei den US Patenten, bezogen auf die Einwohnerzahl und mit Berücksichtigung des jeweiligen Bruttosozialprodukts, nimmt Indien und China bereits Platz drei und vier ein, hinter den USA und Japan.

Die PRO INNO EUROPE ist eine Initiative der Europäischen Union um die Wettbewerbsfähigkeit der Europäischen Länder in der weltweiten Wirtschaft sicherzustellen. Beteiligt daran sind innovative Akteure aus Forschung, Wirtschaft und Politik aus den verschieden Europäischen Ländern. Im November 2006 fand zum ersten Mal die European Innova Conference in Valencia in Spanien statt. Eine Hauptaussage kam aus diesem Zusammentreffen hervor: *„Wenn Europa seine Position als eine der bedeutende Wirtschaftkraft beibehalten möchte, so muss es innovativ sein."*

Günther Verheugen[7], Vizepräsident der Europäischen Kommission und Kommissar für Unternehmen und Industrie fügte noch hinzu: (Quelle: http://www.proinno-europe.eu)

Wir müssen auf allen Gebieten konkurrenzfähig sein. Wir in Europa haben keine günstigen Arbeitskräfte, haben keine eigene Rohstoffe. Das Einzige was wir haben, ist unser Wissen und unsere Kreativität. Das sind unsere Stärken die wir weiterentwickeln müssen. Mit Innovationen können wir erreichen, dass wir in den Technologien und auf den Gebieten der Qualität, der nachhaltigen Umweltverträglichkeit und in der sozialen Verantwortung die am höchsten entwickelte Wirtschaftsregion der Welt sein werden.

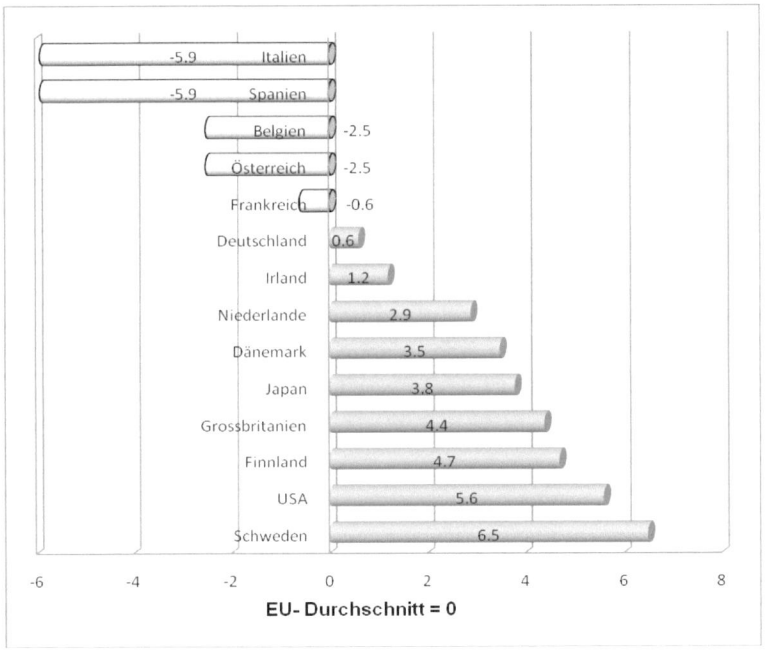

Abbildung 2: „Innovationsfähigkeit verschiedener Länder, Wahren (2004, S.6)

---

7 Videobotschaft von Günther Verheugen zum Thema Innovation in Europa, Quelle:
   http://www.proinno-europe.eu

Das die Globalisierung den Innovationsdruck auf die hochentwickelten Länder und Unternehmen innerhalb kürzester Zeit enorm erhöht hat und welch hohe Priorität das Thema Innovation innerhalb der Europäischen Union hat, lässt sich auch aus dem im Mai 2007 definierten Leitsatz herauslesen:

Europäischer Innovations-Leitsatz[8]:

In a remarkably short period of time, economic globalisation has changed the world economic order, bringing new opportunities and new challenges. To compete, Europe must become more inventive, react better to consumer needs and preferences and address global and environmental challenges by innovating more.

Damit dieser gute Vorsatz auch verifiziert werden kann, wurde mit dem European Innovation Scoreboard (EIS) eine Instanz gegründet, welche die Messgrößen und -kriterien für den Innovationsgrad und die Innovationseffizienz festlegen.

2.3 Messgröße für Innovation: Summary Innovation Index

Erhoben werden die Daten gemeinsam durch das statistische Amt der Europäischen Gemeinschaft, kurz Eurostat, mit Sitz in Luxemburg und der Organisation für wirtschaftliche Zusammenarbeit und Entwicklung, OECD, in Paris. Gemessen werden Größen die direkt mit dem Generieren von Innovationen in Zusammenhang stehen. Unterschieden wird hierbei zwischen Eingangsgrößen, d.h. Investitionen und das Bereitstellen von Mitteln die zum Ziel haben Innovationen zu generieren und Ausgangsgrößen in Form von neuen Produkten oder geistiges Eigentum (IP).

(Quelle: 2007, http://www.proinno-europe.eu)

---

[8]   http://ec.europa.eu/enterprise/innovation/index_en.htm#3

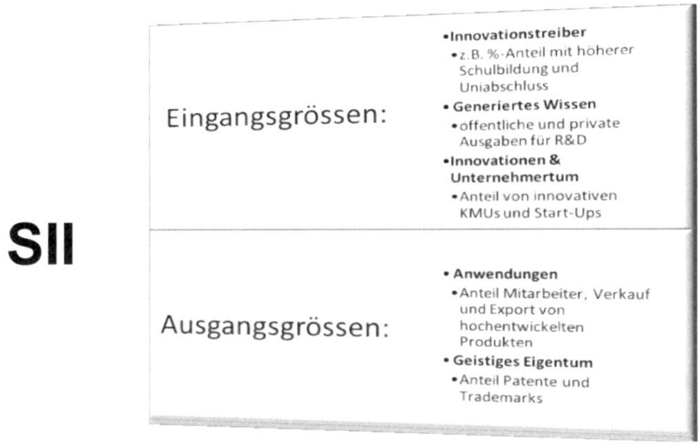

Abbildung 3: Indikatoren des Summary Innovation Index (SII) nach dem EIS

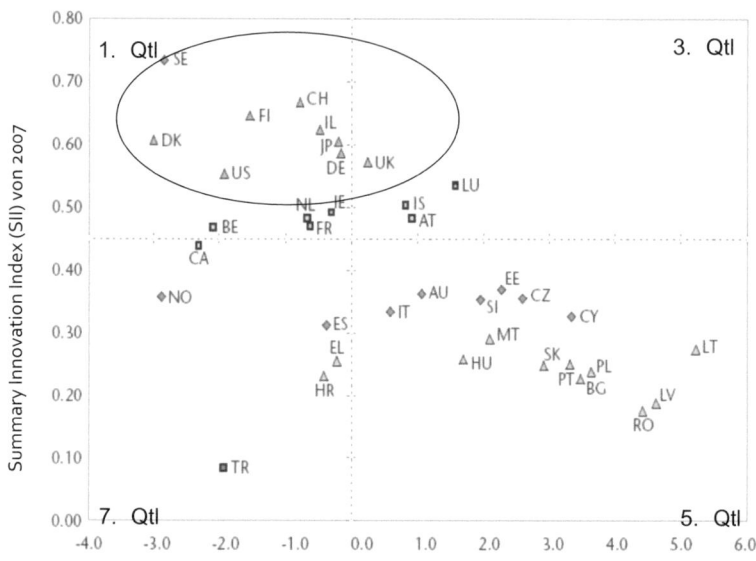

Durchschnittliche Europäische Wachstumsrate des SII 2003 - 2007

BE	Belgium		PL	Poland
BG	Bulgaria		PT	Portugal
CZ	Czech Republic		RO	Romania
DK	Denmark		SI	Slovenia
DE	Germany		SK	Slovakia
EE	Estonia		FI	Finland
IE	Ireland		SE	Sweden
EL	Greece		UK	United Kingdom
ES	Spain			
FR	France		HR	Croatia
IT	Italy		TR	Turkey
CY	Cyprus		IS	Iceland
LV	Latvia		NO	Norway
LT	Lithuania		CH	Switzerland
LU	Luxembourg		US	United States
HU	Hungary		JP	Japan
MT	Malta		IL	Israel
NL	Netherlands		CA	Canada
AT	Austria		AU	Australia

Abbildung 4: Innovationsleistung verschiedener Länder im europäischen Vergleich.
(Quelle: European Innovation Scoreboard, 2007, http://www.proinno-europe.eu)

Das bedeutet, Länder entwickelten ihre Innovationsleistung im Vergleich zum europäischen Durchschnitt verschieden stark. Je nachdem in welchem Quartal sich das Land in Abbildung 4 befindet, gilt:

1. Quartal: holt auf

2. Quartal: eilt weiterhin voraus

3. Quartal: verliert den Vorsprung

4. Quartal: fällt weiter zurück

Schweden, die Schweiz, Finnland, Dänemark, Deutschland und Großbritannien sind dabei die einzigen Europäischen Länder die im weltweiten Innovationswettbewerb mit Israel, Japan und den USA mithalten können. Alle anderen Mitgliedstaaten der EU27 schneiden schlechter ab im weltweiten Vergleich der großen Wirtschaftsmächte und sorgen auch dafür, dass die EU im Durchschnitt etwas weniger innovativ ist als Japan und die USA. Wobei der Rückstand zwischen 2003 und 2007 verkleinert werden konnte.

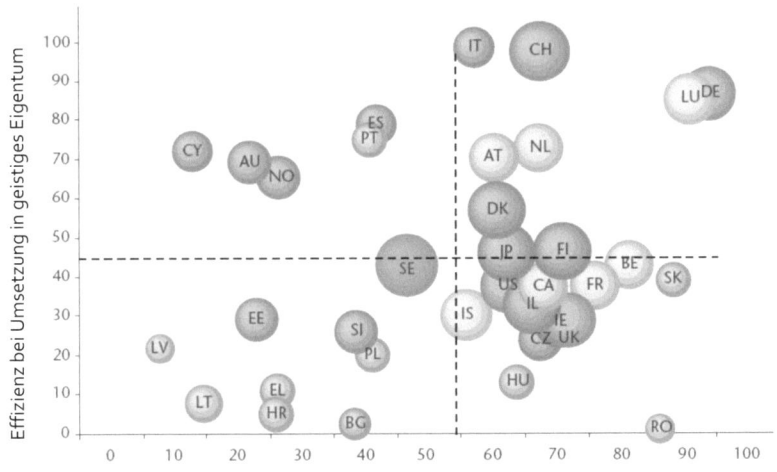

Effizienz bei der Umsetzung von Innovationen in Anwendungen

Abbildung 5: Effizienz bei der Umsetzung von Innovationen
(Quelle: European Innovation Scoreboard, 2007, http://www.proinno-europe.eu)

Die Größe der Kreisfläche in Abbildung 5 steht für den Aufwand (Innovations-Eingangsgröße) der betrieben worden ist. Die Position zeigt wie effizient die Umwandlung in eine wirtschaftlich bedeutende Größe (Ausgangsgröße) verlaufen ist. Die gemessene innovative Größe, kann dabei entweder ein Patent- oder Lizenzrechte sein, also geistiges Eigentum oder ein vermarktungsreifes Produkt.

Eine spezielle Eingangsgröße bei der Messung des SII ist das Internet. Es bietet neue weitreichende Möglichkeiten an Wissen zu gelangen, selbst das Archivieren, Suchen, Sortieren und Klassifizieren sowie das Analysieren von Informationen und Wissen in Form von Daten ist möglich. Zum anderen wird das Schützen von Daten immer schwieriger und kurzlebiger. Das Internet teilt die Welt heute in zwei Gruppen, solche mit und ohne digitalen Zugang. Da Innovationen heute aber auch wesentlich vom Zugang zu diesem im World Wide Web abhängt, öffnet sich hier eine gewaltige Schere zwischen diesen beiden Gruppen. Durch die fortschreitende weltweite Vernetzung stellen sich im Zusammenhang mit Innovation zwei wesentliche Fragen:

- Wie viel ist Wissen zu besitzen heute überhaupt noch wert?

- Und ist Wissen gleichzusetzen mit Innovationsvermögen?

Beantworten lässt sich diese Frage nur zum Teil mit der Gegenfrage: Warum generieren nicht alle Länder gleich viel Innovationen, obwohl sie doch durch das Internet den gleichen Zugang zum Wissen haben? Ein Grund liegt sicherlich im teilweise noch intakten Patenschutzrecht, dass zumindest ein Gleichziehen mit den Innovationsführern während der Gültigkeitsdauer des Patentschutzes untersagt. Interessant ist deshalb die Aussage, welche sich aus einer Messung von European Innovation Scoreboard treffen lässt. Hier werden die Anteile von selbst, also intern entwickelten Innovationen (R&D Innovatoren) mit denen der hinzu gekauften Neuigkeiten (Non- R&D Innovatoren) im Ländervergleich ins Verhältnis setzt. Als gekaufte Innovationen zählen hier, z.B. der Erwerb von Patenten oder Lizenzen, Zukauf von hochentwickelten Maschinen und Apparate oder Computer Hard- und Software.

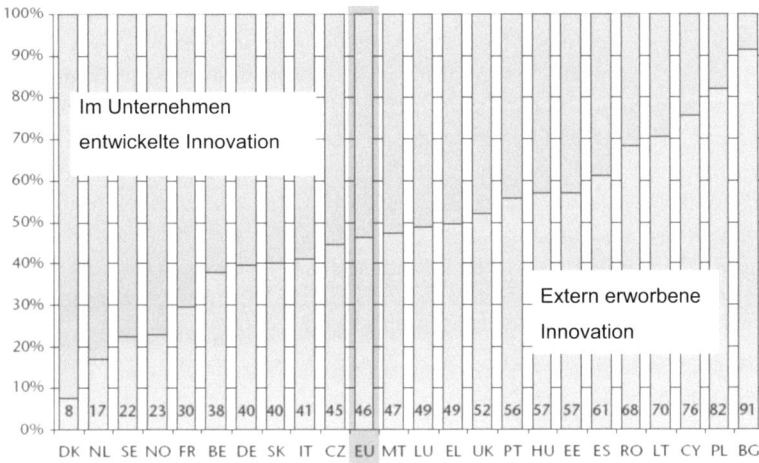

Abbildung 6: Verhältnis der im Unternehmen durch R&D generierte Innovationen und hinzu ge-kaufter Innovation

Zusammenfassend lässt sich festhalten, dass die Innovationskraft trotz offenem Zugang zu Wissen und Informationen durch das Internet, im Ländervergleich immer noch sehr unterschiedlich ausfällt. Um mit Innovation wirtschaftlich erfolgreich zu sein, ist eine effiziente Umsetzung entweder in geistiges Eigentum (IP) oder in ein innovatives Produkt unerlässlich. Hier fällt auf (Abb. 5), dass z.B. Schweden trotz hohem Innovationsaufwand nur im europäischen Mittel liegt. Eine hohe Effizienz spiegelt sich auch im Verhältnis der extern beschafften zu den intern generierten Innovation wieder. Die Schweiz brilliert hier, indem sie viel in Innovation investiert und dies auch hocheffizient umsetzt. Nur sechs europäische Länder (SE, CH, FI, GB, DE und DK) können mit den USA und Japan im Innovationsvergleich mithalten.

2.4   Kaizen versus revolutionäre Neuentwicklung

Nach Schumpeter kennzeichnet sich ein Innovationsprozess dadurch aus, dass der bewährte Pfad verlassen wird, um mit einem neuen Weg sein Ziel zu erreichen. William Ross Ashby[9] unterscheidet in seiner Systemthe-

---

[9]   Nach dem britischen Psychiater William Ross Ashby 1903-1972 wurde das Gesetz von der erforderlichen Varietät (Ashbysches Gesetz) benannt. Das Gesetz besagt, dass ein System, welches ein anderes steuert, desto mehr Störungen in dem Steuerungsprozess ausgleichen kann, je größer seine Handlungsvarietät ist. Eine

orie zwischen Wandel erster Ordnung und dem Wandel zweiter Ordnung. In der neuen Ordnung (New Economy) entspringt Reichtum direkt aus Innovation, nicht aus Optimierung. D.h. Reichtümer gewinnt man nicht durch die Perfektionierung von vorhandenem Wissen, sondern durch dass nicht perfekte Ergreifen von Möglichkeiten im Unbekannten. Die zweite Ordnung, der schrittweisen Zuwachs, sei der schlimmste Feind der Innovation, so der amerikanische Wissenschaftler Nicholas Negroponte[10]. Nach Ashbys und Negropontes Definition, ist das schrittweise Verbessern und Perfektionieren also keine Innovationszielsetzung. Trotzdem soll in dieser Untersuchung der schrittweise Entwicklungsprozess, welcher letztlich auch zu Neuerungen und wirtschaftlichen Erfolg führt, dem Innovationsgedanken von Schumpeter, Ashby und Negroponte, gegenübergestellt und diskutiert werden.

Kaizen aus dem japanischen: Kai = korrigieren, verändern und Zen = zum besseren Zustand, wurde zum Ausdruck für den perfektionistischen, kontinuierlichen, in inkrementellen Schritten vollzogener Verbesserungsprozess, in den Führungskräfte wie Mitarbeiter einbezogen sind. Dabei ist Kaizen keine neuzeitliche Erfindung, keine moderne Management-Methode, sondern hat seine Ursprünge tief in der japanischen Kulturgeschichte verwurzelt. Kaizen führt in die Epoche der Shogune und Samurais (1150 – 1850) zurück, in der die hohe Kunst des Schwertkampfs entwickelt wurde. Dabei wurde der Meister in seiner Perfektion das Schwert zu führen, von seinen Lehrlingen durch eifriges Training versucht nachzuahmen. Wurde das Schwert auf ähnlich hohem Niveau wie der Meister beherrscht, so galt es nun sich selber immer wieder zu korrigieren und zu verbessern. Diese perfektionistische Schule des Schwertführens sicherte somit auch die Machtpositionen der Shogune ab. Kaizen ist also ein bedeutendes Stück japanischer Kulturgeschichte und ist somit ein eindrückliches Bespiel dafür, wie kulturelle Werte und Verhaltensweise die wirtschaftliche Entwicklung einer ganzen Nation prägen können. Japan hat es u.a. durch Kaizen geschafft, sich mit qualitativ hochwertigen und zuver-

---

andere Formulierung lautet: Je größer die Varietät eines Systems ist, desto mehr kann es die Varietät seiner Umwelt durch Steuerung vermindern.

[10]   Nicholas Negroponte ist amerikanischer Staatsbürger und Gründer und Direktor des Unternehmens MIT Media Lab sowie Kolumnist für das Journal Wired. Negroponte sorgte außerdem 2006 für Schlagzeilen als er ein Laptop für den Preis von USD 100 ankündigte, um so armen Ländern den Anschluss an die weltweiten Entwicklung zu ermöglichen.

lässigen Produkten zur zweitgrößten Wirtschaftsnation nach den USA zu entwickeln.

Dieses kulturell bedingte Verhalten – sich am Meister zu messen -, beantwortet somit auch die Frage, warum es für einen Japaner nichts Verwerfliches sondern eine Motivation darstellt, ein Top- und Markenprodukte möglichst gut zu kopieren, um es anschließend im Kaizen-Prozess noch weiter zu verbessern. So eindrucksvoll in der Automobilindustrie in den 60er und 70er Jahren geschehen, als japanische Ingenieure die Marktführer (Meister) wie Mercedes, BMW und Audi besuchten und mit Foto und Zeichenblöcken ausgerüstet, die Fertigung der Modelle minutiös analysierten, um diese dann im eigenen Land nachzubauen. Mit der Motivation sich am Niveau des Meisters zu messen, gelang es der japanischen Autoindustrie, gepaart mit der damals schon führenden japanischen Elektroindustrie, Autos auf den Markt zu bringen, die in Funktionalität und Automation den westlichen Modellen ein Schritt voraus waren. Wer erinnert sich nicht an die ersten Modelle mit elektrischen Fensterhebern – eine Innovation in japanischen Autos.

Dass Kaizen in Folge noch zwei weitere entscheidende Wettbewerbsvorteile hervorbringt, wurde erst etwas später offensichtlich. Mit der immer weitere Optimierung und Verbesserungen im noch so kleinsten Detail, gelang es der japanischen Autoindustrie ihre Fertigung hocheffizient zu gestalten. Die Fertigungsabläufe sind soweit optimiert, dass die Fertigungskosten, unangefochten, die tiefsten in der Autoindustrie der entwickelten Länder sind.

Der zweite Erfolgsfaktor der auf dem Prinzip der ständigen Verbesserung beruht, ist die Qualität und lässt sich ebenfalls am Beispiel des Automobilbaus aufzeigen: Fehler sowohl in der Produktion oder am Produkt werden in Japan nicht als lästiges Übel wahrgenommen wie man es aus der westlichen Kultur kennt, wo man vom „eingeschlichenen Fehlerteufel" spricht. Im Kaizen ist ein Auftauchen und Bemerken eines Fehlers immer auch mit einem Glücksgefühl verbunden, denn es wurde wieder eine Quelle zur Verbesserung gefunden, auf dem Weg zum „Meisterstück". Die Gründe eines Fehlers werden in aller Regel zuerst gründlich analysiert und im Team diskutiert bevor er behoben wird. Kein Wunder also, dass japanische Autos seit Jahrzehnten die Pannenstatistiken anführen und zu den zuverlässigsten Fahrzeugen weltweit gehören.

Auch bei der Vermarktung spielen durch Kaizen erreichte Innovationen in Japan eine wichtige Rolle. So wird einem Gebrauchsgegenstand durch leichte konstruktive Veränderungen einen erweiterten Kundennutzen zugeführt, z.B. einem Elektrogeräte immer wieder neue Funktionen, die nicht zur Kernfunktionalität gehören (Karaoke-Effekt bei Stereoanlagen). Bei Mobiltelefonen liefern sich die Hersteller eine regelrechte Schlacht um die Pixelzahl der eingebauten Kameras, eine Zahl die dem Verbraucher prägnant Qualitätsverbesserung suggeriert. Diese Form der Kaizen-Praktik führt zu einem höheren Entwicklungstempo und immer kürzeren Produktlebenszyklen. Diesem Entwicklungstempo, insbesondere bei Elektrogeräten, ist eine nicht unerhebliche Zahl von Produktinnovationen zu verdanken die sich auch weltweit durchgesetzt haben, z. B. Walkman, Flachbildfernseher. Zusammenfassend lässt sich die Philosophie des Kaizen nicht als sprunghafte Verbesserung durch Innovation beschreiben, sondern die schrittweise erfolgende Perfektionierung und Optimierung des bewährten Produkts. Dabei wird davon ausgegangen, dass der wirtschaftliche Erfolg aus Produkten und Dienstleistungen mit ausgezeichneter Qualität höchste Kundenzufriedenheit erzielt wird.

2.4.1 Kaizen, ein Stück japanische Kultur auf die westliche Wirtschaftswelt übertragen

Mittlerweile wird von westlichen Firmen versucht die hocheffizienten Fertigungsabläufe der japanischen Autohersteller zu übernehmen. Porsche als Sportwagenhersteller und nicht direkter Konkurrent von Toyota, hat z.B. in den vergangenen Jahren viel von der schlanken Produktion bei Toyota gelernt und in seine Werke übernommen. Bei der schweizerischen Bühler AG, bei der ich selbst tätig bin, findet momentan ebenfalls ein „Lean Production" Projekt nach der Kaizen Philosophie statt. Und obwohl es sich hier um den Bau von Getreidemühlen handelt und die Stückzahlen wesentlich geringer sind als in der Autoindustrie, ist der Projektleiter ein japanischer „Produktionspabst" und ehemaliger Mazda Mitarbeiter.

Wie Kaizen sich ebenfalls in die westliche Wirtschaftskultur übertragen lässt und dabei nicht wie von Schumpeter, Ashby und Negroponte befürchtet den Innovationsprozess hinderlich sein könnte, zeigt der Ansatz nach Kohlöffel (2005, S. 70-71). Innovation als sprunghafte Neuerung und Kaizen als Verbesserung des Standards, so definiert Kohlöffel die beiden möglichen Prozessformen, um ein System weiter zu entwickeln bzw. es vor dem Verfall zu retten. Technologische Errungenschaften, neue Ansätze und Theorien sind dabei der Nährboden von Innovationen. Hingegen lebt der Kaizen Prozess vom konventionellen Know-How (siehe Abb. 7).

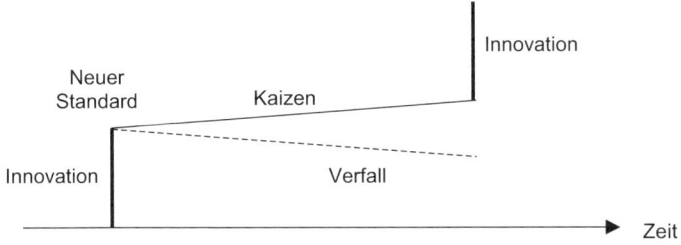

Abbildung 7: Innovation und Kaizen als sich ergänzende Prozessschritte (Quelle: Kohlöffel, 2005, S.70)

Aus der stetigen Suche nach Verbesserung auf allen Ebenen eines Unternehmens wurde die Kaizen-Programmatik im Westen unter dem Namen Kontinuierlicher Verbesserungsprozess (KVP) in vielen Unternehmen eingeführt. Zu diesem Prinzip gehören:

- Perfektionierung des betrieblichen Vorschlagswesens

- Investition in die Weiterbildung der Mitarbeiter

- Mitarbeiterorientierte Führung

- Prozessorientierung

- Einführung eines Qualitätsmanagements

Insgesamt soll Kaizen und KVP zu einer höheren Identifikation der Mitarbeiter mit dem Unternehmen und letztendlich zu einer stetigen Verbesserung der Wettbewerbsposition beitragen. Mit der Veränderung muss nicht unbedingt Qualitätsverbesserung einhergehen. Echte Qualitätsverbesserung ist oft „unscheinbar" und nicht präzise zu messen. Dadurch hat sie keinen Marketing-Wert und wird vielfach gar nicht wahrgenommen. Das grundlegende Prinzip, das hinter der KAIZEN-Philosophie steht, ist die Kreativität der Belegschaft für kontinuierliche Verbesserungsprozesse zu stimulieren, zu leiten und im Sinne der Unternehmensziele zu steuern. Kreativitätsförderung der Mitarbeiter, Schaffung eines Umfeldes das den Mitarbeiter beim Einsatz seiner Kenntnisse und Fähigkeiten unterstützt und seine Leistungen anerkennt. Mehr Verantwortung für den Mitarbeiter, wodurch bei der Umsetzung von Verbesserungen mit weniger Aufwand, mehr erreicht wird. Es wird mit Hilfe der Mitarbeiter ein ständiger Verbesserungsprozess eingeleitet, der von deren Kenntnissen und Fähigkeiten getragen wird. Heute müssen viele Unternehmen erkennen, dass die Nichtnutzung der Kreativität, der Talente, der Fähigkeiten und Kenntnisse der Mitarbeiter das Hauptproblem in der Umsetzung ihrer Firmenstrukturen in Richtung hoher Produktivität und hoher Qualität darstellt. Vom Ansatz her ist ein Umfeld zu schaffen, das dem Mitarbeiter die Möglichkeit gibt, seine Kenntnisse und Fähigkeiten einzusetzen und diesen Einsatz auch durch entsprechende Maßnahmen anzuerkennen. Das bedeutet mehr Verantwortung für den Mitarbeiter, wodurch bei der Umsetzung von Verbesserungen mit weniger Aufwand als bisher wesentlich mehr erreicht werden kann. Mit Hilfe der Mitarbeiter kann man ständig laufende Verbesserungsprozesse einleiten, die von den Kenntnissen und Fähigkeiten der Mitarbeiter vor Ort und nicht etwa von deren Vorgesetzten getragen werden.

Anmerkung aus eigener Erfahrung: Die Optimierungsprozesse nach Kaizen, werden oft in unbezahlten Überstunden und nach einem Arbeitstag in „freiwilligen" Teams besprochen. Dies gehört heute noch zu den Eigenarten der japanischen Arbeitskultur. Sollte ein Mitarbeiter nach einer abendlichen Kaizen-Runde die letzte U-Bahn verpasst haben, so hilft das innovative und preisgünstige „Capsule-Hotel" aus.

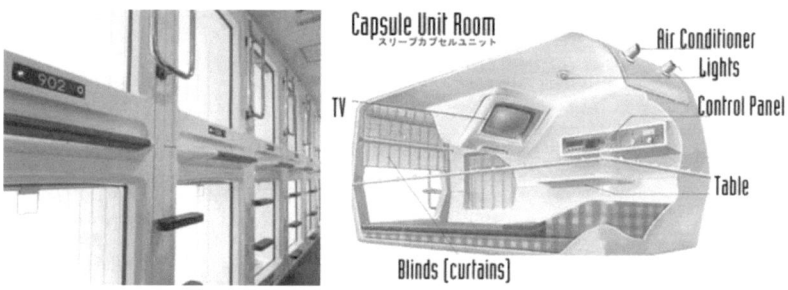

Abbildung 8: „Capsule Hotel" in Tokio: bienenwabenförmige Schlafkabine (Quelle: http://www.capsuleinn.com)

In den vergangenen Wochen ging die Meldung durch die deutschen Medien, dass japanische Firmen, u.a. auch die Autobauer Toyota und Mazda die Überstunden nun bezahlen und auch abbauen müssen. Dazu kam es, weil sich ein Angestellter zu Tode gearbeitet hat. Japanische Gerichte haben jetzt entschieden, dass die Unternehmen dazu verpflichtet sind diese „freiwillig" geleisteten Überstunden besser zu kontrollieren.

2.5 Schutz der Innovationen durch IPR und Patente

Zum Abschluss dieses Kapitels, sollen auch noch auf die wesentliche Mechanismen zum Schutz von Innovationen erwähnt werden. Intellectual Property Rights (IPR) haben mehrere Funktionen. Primär sollen sie Innovationen ermöglichen sich entfalten zu lassen. Des Weiteren sollen neue Produkte und Dienstleistungen so auf den Markt gebracht werden können, dass sich die Investitionen darin rechtfertigen. Patente geben den Unternehmen das Recht und die Möglichkeit Innovationen publik zu machen ohne dass ein Mitbewerber mit einem gleichen Produkt kürzere Zeit später ebenfalls auf dem Markt auftritt und dadurch die höhere Marge verloren geht, die wiederum notwendig ist um Investitionskosten für R&D wieder zu erwirtschaften. Patente eigenen sich daher Innovationen zu schützen und in den meisten Fällen enthält eine Innovation auch mehrere Patente. Die Anzahl Patente ist aber nur bedingt dafür geeignet über die Innovationskraft eine Aussage zu machen.

3   Kulturelle Werte als Innovationsquelle

Der Begriff Kultur kommt vom lateinischen „colere" und meint ursprünglich die landwirtschaftliche Pflege von etwas Wachsendem. So wie der Begriff auch heute noch in der Biologie verwendet wird, etwa im Zusammenhang mit Bakterienkultur. Seine moderne Bedeutung bekam der Begriff erst im 18. Jahrhundert, als man Kultur von Zivilisation zu unterscheiden begann.

3.1   Historische Entwicklung des Zusammenhangs von kultureller Diversität und Innovation

Nach Strohschneider (2004, S.1-5) wurden in der Vergangenheit der kulturellen Unterschiedlichkeit, bezüglich der Evolution und dem Problemlösens, wissenschaftlich sehr wechselhafte Bedeutung zugemessen. So gab es Epochen in denen die allgemeinen Prinzipien des Geistes im Vordergrund standen, also das kognitive Leistungsvermögen. Zu Beginn des 20. Jahrhunderts beschäftigte sich die „Völkerpsychologie" noch mit Leithypothese, dass „die Wilden" dem abendländischen Mensch an Wahrnehmungsleistung und logischem Denken unterlegen sind. Dieser Anschauungsweise ist wohl auch mitverantwortlich, dass ganze Bevölkerungsstämme versklavt oder später für „unwürdige Arbeiten" eingesetzt wurden. Gleichzeitig führte dies aber auch zu sozialen Problemen, insbesondere in den Völkern mit hohen Zuwanderungen. Rassismus, religiöse Auseinandersetzungen und die Bildung sozialer Klassen sind daraus entstanden. Eine ähnliche Bewegung fand auch in den USA statt. Dort wurde 1964 erstmals zivilrechtlich verfasst, dass die Diskriminierung aufgrund der Rasse, Hautfarbe, Religion, dem Geschlecht, der nationalen Abstammung, des Alters und aufgrund von Behinderungen illegal ist. Dies wurde von den Firmen durch Paragraphen gegen Diskriminierung am Arbeitsplatz in das Mitarbeiter-Reglement aufgenommen. Immer mehr Firmen warben sogar mit ihrem gut integrierten Diversity-Management. Je mehr die Globalisierung im Unternehmen Einzug hielt, desto bedeutender wurde die Zusammenarbeit in Arbeitsgruppen, mit Kunden und Lieferanten unterschiedlicher kultureller Herkunft. In den 90er Jahren kam dann sogar die ersten Meinungen auf, dass ein multikultureller Mitarbeiterstamm produktiver, kundenorientierter, innovativer und kreativer ist, kurzum, einen höheren Shareholder Value generiert.

Nach Allard (2002, S.5-19) entstand am Ende des letzten Jahrhunderts der Begriff „Multikulti" welcher für das Zusammenleben von Menschen aus verschiedenen Kulturkreisen steht. In den 90er Jahren entstand dann auch immer mehr die Erkenntnis, dass sich nicht alle Menschen und Völker mit anderen Kulturen verschmelzen lassen. Begriffe wie Anpassung, Akzeptanz und Unterbringung in Verbindung mit zusammen Leben und Arbeiten, sollten jedoch bald in einer offenen, globalen und sozial ausgerichteten Gesellschaft der Vergangenheit angehören. Eine moderne Gesellschaft, stellen sich offen zu Menschen aus anderen Kulturkreisen, heißen diese willkommen und fördern deren Integration.

Mit der fortschreitenden Globalisierung bekommen moderne Ansätze wie „Managing of Diversity" oder „kulturelle Wertevorstellung" und „Integrationskriterien" in der Gesellschaft und Unternehmensführung immer mehr Bedeutung. Verschiedene Statistiken bestätigen, dass der Arbeitsmarkt des 21. Jahrhunderts eine immer breitere Diversität aufweist, sei es durch Rasse und ethischer Zugehörigkeit, Geschlecht, Alter, politische Richtung und religiösen Glaubens.

3.2 Kulturelle Werte und mentale Programmierung

Im den folgenden Kapitel soll anhand verschiedener moderner Theorien und empirischen Untersuchungen erklärt werden, wie heute Kultur definiert und beschrieben wird. Eine der umfassendsten Arbeiten bezüglich Organisationsentwicklung ist die weltweit durchgeführte IBM-Mitarbeiterstudie des niederländischen Kulturtheoretikers Geert Hofstede. In seiner bisher einzigartigen Studie werden kulturelle Unterschiede aufgezeigt, die sich aufgrund der Befragung über arbeitsbezogene Wertvorstellung ergeben haben. Hierbei wurden über 116.000 Fragebögen aus 53 Ländern ausgewertet.

Zusammenfassend, weist Hofstede zunächst auf die vielschichtige Bedeutung von Kultur hin und versucht den Begriff zunächst in einem engeren Sinne, Hofstede bezeichnet dies als Kultur 1, und in einem weiteren Sinne, Kultur 2, zu unterscheiden. Kultur 1 wird dabei als Zivilisation verstanden. Interessanter für Hofstede (1997, S.4-5) ist die Kultur 2, denn hier findet "...*die kollektive Programmierung des Geistes (statt), die die Mitglieder einer Gruppe oder Kategorie von Menschen von einer anderen unterscheidet*" (mittlere Ebene in Abb.9). Für ihn wird Kultur 2 erlernt. Er ist davon überzeugt, dass „...*die Persönlichkeit eines Individuums dessen einzigartige Kombination mentaler Programme (ist), die es mit keinem anderen Menschen teilt. Sie begründet sich auf Charakterzüge, die teilweise durch die einmalige Kombination von Genen dieses Individuums ererbt und teilweise erlernt sind*" (s. Abb. 9).

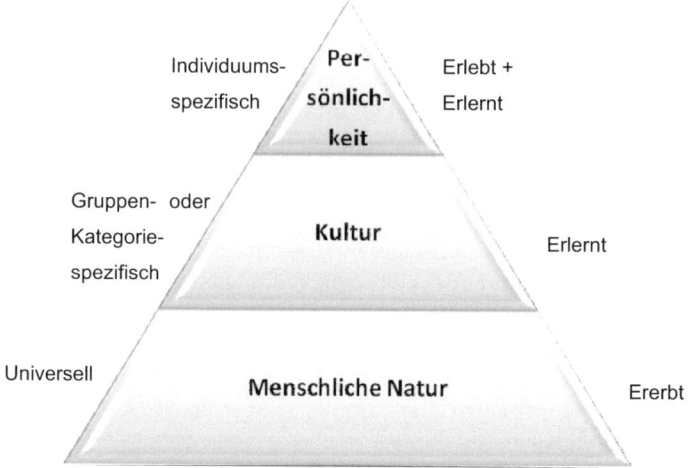

Abbildung 9: Drei Ebenen der mentalen Programmierung des Menschen.
Nach Hofstede (1997, S.5)

Weiter beschreibt Hofstede in seiner Arbeit, die Kultur anhand von Werten und einem Wertesystem. Die mentale Software „...bestimmt die verschiedenen Muster im Denken, im Fühlen und im Handeln. Sie kann Aufschluss darüber geben, welche Reaktionen angesichts der persönlichen Vergangenheit wahrscheinlich und verständlich sind...", wobei jede Person dabei die Option besitzt, davon abzuweichen oder etwas zu verändern. Aufgrund der widersprüchlichen mentalen Programme in jedem Menschen ist dessen Verhalten in einer neuen Situation schwer vorauszusehen.

Mit der Auswertung der Ergebnisse konnte Hofstede hauptsächlich eine Aussage über das Werteverständnis und –empfinden einer kulturell, homogenen Gruppe machen. Den Kern seiner Arbeit bildet die Feststellung, dass es insgesamt vier (fünf) Dimensionen gibt, die die Kultur eines Landes, einer Region prägen: (s. Abb. 10) Machtdistanz, Unsicherheitsvermeidung, Kollektivismus oder Individualismus, Feminismus oder Maskulinität und Zeitliche Orientierung. Die daraus gewonnenen Ergebnisse bieten somit eine relativ feste Grundlage für das Verstehen von verschiedenen Kulturen. Diese Fähigkeit, sich in die Einstellung anderer Menschen einzufühlen, ist wiederum für interkulturelles Lernen unabdingbar.

Abbildung 10: Die fünf Kulturdimensionen nach Hofstede (1997, S.63-106)

3.2.1 Das ökokulturelle Modell

Im Zusammenhang mit der „Mentalen Programmierung" soll ergänzend auch das „ökokulturelle Modell" erwähnt werden, welches vorwiegend in der kulturvergleichenden Psychologie angewendete wird. Das ökokulturelle Modell beschreibt Diversität als Ergebnis kollektiver und individueller Adaptation an die vorherrschenden Bedingungen (Klima, Bodenverhältnisse, geographische Gegebenheiten, Flora und Fauna usw.) und soziopolitischen Gegebenheiten (Gruppengröße und Sozialstruktur, Religion und Weltanschauung, Rechtssystem, Art der interkulturellen Kontakte u.a.m.). Betrachtet wird dabei das Kind in seiner konkreten materiellen und sozialen Umwelt, wie es lernt, was man wissen muss, um in seiner Kultur funktionieren zu können. Dazu gehören nicht nur die Sprache sondern auch Begriffssysteme. So lernen z.B. Eskimokinder viele verschiedenen Bezeichnungen für „Schnee", hingegen weisen deutsche Jungen normalerweise ein großes Wissenssystem zum Oberbegriff „Fußball" auf.

3.2.2 Die Ressource „Mentefakten" (Eisberg- Modell)

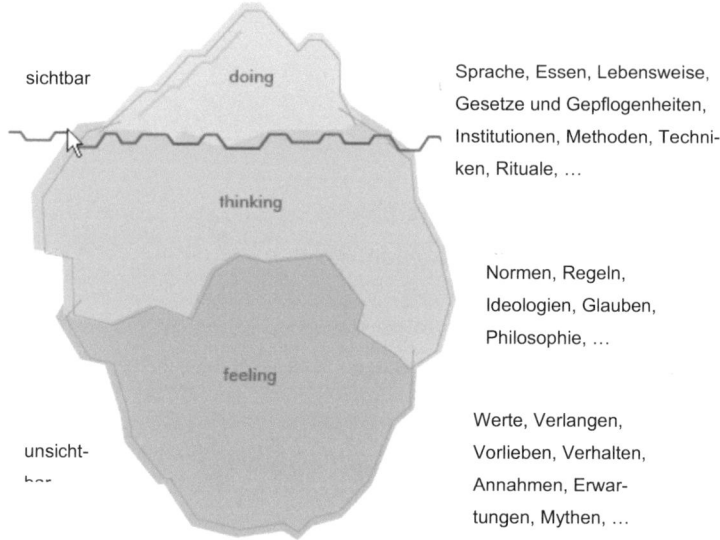

Abbildung 11: Eisberg Modell der Kulturen nach Sharon Ruhly (1976)

Das Modell von Sharon Ruhly beschreibt die Kultur anhand eines Eisberges. Es gibt einen sichtbaren Teil, der über der Wasseroberfläche heraus-
ragt, die sogenannten „Artefakten". Dazu gehören offensichtliche kulturelle Merkmale wie: Architektur, Sprache, Essen, Musik oder Kunst. Wie
beim Eisberg, liegt aber der größere Teil (beim Eisberg 6/7 des Volumens)
verborgen, unter der Wasseroberfläche. Zu diesen schwergewichtigen
unsichtbaren Kulturmerkmalen, den „Mentefakten", gehören z.B. die soziale Normen, die Werte, die Annahmen über Raum und Zeit, die Verbun-
denheit mit der Natur, das Rechtsverständnis. Das Eisberg-Modell lässt
somit auch verstehen, wieso es uns so schwer fällt, trotz des Bewusstseins
der vorhandenen „sichtbaren" Unterschiedlichkeiten, Menschen aus anderen Kultur in ihren Verhaltensweisen und Erwartungen zu verstehen
oder sogar mit ihnen „unter Druck" zusammenzuarbeiten. In einer monokulturellen Gruppe, regelt die Kultur somit unbewusst die Verhaltensweisen und routiniert so viele Aspekte des Zusammenarbeitens. Diese unterschiedlichen und verborgenen Mentefakten, sind somit Quelle für neue
Ideen und Innovationen und beinhalten Potential für Synergieeffekte.
Gleichzeitig beinhalten sie aber auch Konfliktpotential und Reibungsver-
luste (Effizienz) in der Zusammenarbeit multikultureller Gruppen.

3.3 Unterschiede beim Problemlösen von mono- und multikulturellen Gruppen

Verwenden unterschiedliche Kulturen andere Ansätze zum Problemlösen? – Und welche Resultate zu einer Problemstellung liefern kulturell heterogene Gruppen verglichen mit monokulturellen Gruppen? In welcher Zeit, können die beiden Gruppen jeweils eine Aufgabe lösen? Die Beantwortung dieses Fragenkomplexes soll Aufschluss darüber geben, wie viel Innovationspotential multikulturelle Teams aufweisen.

3.3.1 Psychologische Betrachtungsweise des Problemlösens in Gruppen

Die klassische Psychologie misst der Kultur beim Problemlösen noch eine tiefere, funktionale Bedeutung zu. In ihrem Blickwinkel besteht die Rolle von Kultur darin, das individuelle Denken, durch die Reduktion von Unbestimmtheiten, zu entlasten. Kultur ermöglicht dies mit ritualisierten und routinierten, also „programmierten" (Hofstede) Problemlösungsprozessen. Der Psychologe und Sozialforscher Triandis (1994, S.286) beschreibt Kultur als einen gigantischen Wissensspeicher und fügte noch hinzu, dass Kultur für die Gesellschaft, im übertragenen Sinne, sich mit dem Gedächtnis des Individuums vergleichen lässt. Nach einer Studie von Strohschneider (2004, S. 5-8) lässt sich die Kultur im Problemlösungsprozess mit drei Funktionen beschreiben:

1. Kultur entlastet das individuelle Denken bei der Reduktion von Unbestimmtheit.

2. Kultur gibt ihren Mitgliedern Verfahren zum Lösen eines Problems.

3. Kultur ritualisiert und routinisiert Problemlösungsprozesse.

Anzumerken ist in diesem Zusammenhang, dass keine der bei dieser Untersuchung herangezogenen Literatur, die kognitiven Grundfunktionen des menschlichen Gehirns an eine bestimmte nationale oder ethnische Zugehörigkeit festmacht. Es scheint darüber ein allgemeiner Konsens zu herrschen, dass die kognitiven Fähigkeiten des Menschen universell sind. Erst in spezifischen Problemfällen werden unterschiedliche Lösungsansätze, welche auf kulturell bedingten Faktoren zurückzuführen sind, beschrieben. Dies wir von Strohschneider (2004, S.7-8) so erklärt, dass unser Wissen kulturell geprägt (deklaratives Wissen) ist und mit der Kultur auch bestimmte Deutungs- und Handlungsmuster also Problemlösungstechniken verbunden sind. Als dritte Ausprägung nennt Strohschneider die kontextuelle Gestaltungsfaktoren, z.B. kulturelle Werte, welche einen Rahmen, Strategie oder auch Modelle zur Lösungsfindung vorgeben.

3.3.2 Problemlösen im unternehmerischen Umfeld

DiStefano und Maznevski (2000, S.45-66) stellen fest, dass kulturelle Vielfalt in einer Arbeitsgruppe ein großartiges Potential besitzt neuer Werte zu kreieren. Kultur ist schließlich dafür verantwortlich, was wir wahrnehmen, wie wir Dinge interpretieren, zu welcher Handlung wir uns daraus entscheiden und auf welche Art und Weise wir unsere Ideen dann umsetzen. Kulturell heterogene Teams, besitzen daher einen enormen Wert und Schatz, welcher sie dazu befähigt kreative Lösungsansätze zu komplexen Herausforderungen zu entwickeln. DiStefano und Maznevski gehen sogar soweit, dass die heutige Geschäftswelt ohne den kreativen Beitrag von leistungsstarken internationalen Teams nicht florieren könnte.

Viele bekannte Autoren (Kochan, 2003, Richard, 2000 und Lee, 1999) unterstreichen die Behauptung von DiStefano und Maznevski, dass eine diversifizierte Arbeitsgruppe auch die innovativere Arbeitsgruppe sein wird. Unterstützt wird diese Behauptung auch durch mehrere Firmenuntersuchungen (Falcon, 2002; Nahapiet und Ghoshal, 1998).

Nach Feststellung von DiStefano und Maznevski, gibt es drei verschiedene Formen von interkultureller Zusammenarbeit. Sie nennen diese „Die Zerstörer" die schlechtere Leistung erbringen als homogene Gruppen, „Die Ausgleicher" welche ungefähr dasselbe leisten aber eventuell zu höheren Kosten und den „Die Machern" die ihre Diversität in der Gruppe wirklich zum Erreichen einer außerordentlicher Leistung nutzen. Das Interessante an dieser Erkenntnis ist, dass es hiermit eindeutig bestätigt wird, dass kulturelle Diversität die Innovationsfähigkeit steigern kann.

Formen der multikulturellen Zusammenarbeit nach DiStefano/Maznevski (2000, S.47f):

Die Zerstörer: Einige multikulturelle Teams sind schlichtweg ein Desaster. Ihre Mitglieder misstrauen einander, halten Information vertraulich und nutzen jede Möglichkeit dazu einander anzugreifen. Ein europäisches Mitglied erklärte die schlechte Leistung seines Teams mit Nachdruck: „Diese Briten in unserem Teams sind zu ernst, die Deutschen sind so hochnäsig über ihre Ingenieurleistung und sind der Meinung niemand sonst würde mitdenken und den Franzosen ist der Produktionsausstoß völlig egal." In solchen Fällen versickert die Energie, welche sonst zu effizienter Arbeit zusammengeführt werden könnte, in gegenseitiger Stereotypisierung. „Team-Entscheidung" werden vom Manager oder dem formellen Leiter getroffen ohne wirklich die Mitarbeiter mit einbezogen zu haben. Das „Team" zerstört eher Werte, als dass es welche schafft.

Die Ausgleicher: Die zweite Form wirft am meisten Rätsel auf und kommt am häufigsten vor. Bei Teams die schon länger zusammenarbeiten, hört man die Mitglieder mit Stolz sagen: „Wir kommen mit unseren Unterschieden gut klar! Sie beeinflussen unsere Leistung nicht. Diesen Zeitpunkt haben wir schon hinter uns. Wir haben großartige Besprechungen in denen jeder seine Meinung sagt und wir lösen Dinge ziemlich schnell um weiterzukommen." Der oberste Leiter meint jedoch: „Ich ging davon aus sie bringen die Dinge voran. Anstelle dessen, holen sie sich die besten Meinungen im Unternehmen ein und machen daraus einen Kompromiss und erreichen dabei nicht einmal die erwartete Kostensenkung. Wir werden vielleicht schlussendlich unseren Nutzen davon haben, aber ich bin nicht nur ein bisschen enttäuscht!" In anderen Worten: ausgeglichen. Die Teams können zwar das Unternehmen am Laufen halten, aber dadurch, dass sie mit ihren Unterschieden nicht wirklich umgehen, können sie aus diesen auch keinen Innovation oder höhere Leistung erzielen. Wir nennen dies „ausgleichend": Die Unterschiede werden für das Erreichen eines sanften Prozesses unterdrückt, wodurch aber gleichzeitig auch die unterschiedliche Ideen und Ansichten unterdrückt werden. Wir vermuten, dass die meisten multikulturelle Teams, die der Meinung sind ihre Sache gut zu machen, eher ausgleichend sind.

Die Macher: Einige multikulturelle Teams erbringen natürlich auch hohe Leistung und übertreffen sogar ihre eigenen Erwartungen. Diese Teams gehen auch weiter als nur bis zum Modewort „Wert aus Vielfalt". Unterschiede werden explizit wahrgenommen und akzeptiert, sogar aufgesaugt und ihre Auswirkungen sind in jeglicher Art in den Gruppenprozesses einbezogen. Diese Teams zu beobachten, ist wie einer erstklassigen Jazzband zuzuschauen. Alle Spieler realisieren das Meisterliche des anderen und haben ein Gefühl für das Synergiepotential, welches sie im Zusammenspiel schaffen können. Sie entwickeln ständig eine sich verändernde Dynamik, welche zu Innovationen führen, die sie dann in eine unternehmerische Form überführen. Solche Teams schaffen einzigartige Werte, indem sie höchst erfolgreiche Produkte in Rekordzeit auf den Markt bringen, erzielen quantensprungartige Kosteneinsparungen in einer preisumkämpften Industrie, denken sich neue Arten von Zusammenarbeit mit Lieferanten und Kunden aus und beschreiten erfolgreich Gebiete, welche andere unfähig waren sie zu erobern.

3.3.3 Unterschiede im Umgang mit Risiko

In einer Studie von Watson und Kumar (1992) wird das Thema „kulturelle Heterogenität" mit der Risikoneigung beim Problemlösen in Verbindung gebracht. Als Hauptergebnis ergab sich, dass die heterogenen Gruppen deutlich weniger risikofreudig waren als die homogenen. Die Befragung zur Interaktion zeigt, dass in den heterogenen Gruppen die Gruppenkohäsion, die Partizipation und die Kommunikation als schlechter erlebt wurden. In der Diskussion vertreten die Autoren die Ansicht, dass in homogenen Gruppen sehr schnell ein „Wir-Gefühl" entsteht, das einer risikotoleranten „Lasst es uns doch versuchen"- Haltung, Raum gibt.

Die Autoren untersuchten mittels verschiedener Methoden, die Bereitschaft finanzielle Risiken einzugehen und fanden heraus, dass entgegen den gängigen Stereotypen und auch entgegen den Vermutungen der Probanden selbst, chinesische Probanden risikofreudiger waren als amerikanische. Die Autoren erklären dies mit einer „Polster-Hypothese" (cushion hypothesis), der zufolge chinesische Probanden speziell finanzielle Risiken leichter eingehen können, weil sie Teil eines sozialen Netzwerkes sind, das sie als Versicherung und Rückhalt im Falle eines unerwarteten Verlustes nutzen können. Den individualistischen Amerikanern fehle eine solche soziale Ersatzkasse, was sich in größerer Risikovermeidung niederschlage.

3.3.4 Unterschiede im Innovationsgrad

Hopewood (2004, S. 39) kam bei Ihrer Untersuchung zu dem Resultat, dass Gruppen mit einem hohen Diversifizierungsgrad eher zu revolutionären also substanziellen oder transformatorischen Innovation, (Kohlöffel, 2006, S.49) tendieren, ein gutes Management voraus gesetzt. Sie schreibt dies den sehr vielfältig vorhandenen Ansichtsweisen zu und den auf größeren kulturellen Hintergrundwissen basierenden Neukombinationen. Homogene Gruppen hingegen, führen inkrementelle Innovationen (z.B. Modellpflege) effizienter durch, da sie insgesamt mit den damit verbundenen Prozess oder den zu erwarten Probleme die auftreten können, besser vertraut sind.

3.3.5 Unterschiedliche Effizienz von kollektivistische und individua- listische Gruppen

Strohschneider (2004, S. 43-44) geht der Frage auf den Grund, ob die Form und der Ablauf gemeinschaftlicher Problemlöseprozesse mit unterschiedlichen kulturellen Wertvorstellungen zusammenhängen. Das Resultat führt dabei zu einer gewichtigen Aussage bezüglich Zeitbedarf und – verwendung und der Effizienz beim Problemlösen in der Gruppe. Wie schon im vorhergehenden Kapitel beschrieben, legen Menschen aus kollektivistischen Kulturen ein konformeres Verhalten zugrunde und achten mehr auf eine harmonische Beziehungen zwischen den Mitgliedern einer Gruppe als in einer individualistischen Gruppe. Beim Problemlösen in der kollektivistischen Gruppe kommt es daher zu einer sogenannten Prozessverlust-Hypothese, bedingt durch die intensive Beziehungspflege zwischen den Mitgliedern. Dies kostet Zeit, die dann für die Beschäftigung mit der eigentlichen Aufgabe fehlt. Individualistischen Gruppen dagegen ist die Gruppenharmonie gleichgültig, sie haben daher mehr Zeit für die Bearbeitung der Aufgabe und erreichen bessere Lösungen. Generell ausgedrückt, verteilen Individualisten und Kollektivisten die zur Verfügung stehenden Ressourcen anders auf die beiden Themen Gruppenprozess und Aufgabenbearbeitung. In diesem Zusammenhang ist aber noch auf das Ergebnis einer Studie von Haris und Nibler (1998) hingewiesen, die besagt, dass diese Prozessverluste vor allem in neu gebildeten, kollektivistischen Gruppen auftreten. Ist die Gruppe hingegen schon länger existent, so lösen sie mit ähnlich hoher Effizienz die Probleme wie individualistische Gruppen, bei kein „Angewöhnungsprozess" zu erkennbar sind. Diesen Effekt beschreibt auch Earley (2000, S. 45). Er benennt es als „Dritte Kultur" oder „Hybrid Culture" die sich in einem internationalen Team aus den gleichen oder sehr ähnlichen Werten, Regeln und Verhaltensweisen der einzelnen Kulturen erst bilden müsse. Es sei dabei nicht so sehr von Bedeutung, dass eine vollständige Überdeckung von einzelnen Werten vorhanden ist, sondern dass ein vereinfachtes gruppenbasiertes „Mentales Modell" gefunden wird. Dies ist nach Earleys Aussage das Wichtigste für die effiziente Zusammenarbeit im Team.

Strohschneider (2004, S. 20-23) beschreibt, dass bei US-Amerikanern der Problemlösungsprozess in der Gruppe von sozio-emotionale Verhaltensweisen weitgehendste losgelöst ist (ausgeprägter Individualismus). Hingegen ist der Problemlösungsprozess bei Japaneren, wo die persönliche Beziehung (Kollektivismus) eine große Rolle spielt, untrennbar mit der sozialen Komponente, in diesem Fall die Aufrechterhaltung der Harmonie, verbunden.

3.4 Höheres Konfliktpotential im Innovationsprozess

Die Zusammenarbeit von verschiedenen Kulturen im Innovationsprozess hat aber nicht nur Potential zur besseren Lösung eines Problems. Die kulturellen Unterschiede beinhalten auch ein erhöhtes Konfliktpotential. Dies kann zum kritischen Faktor werden, speziell in einer Projektphase indem das multikulturelle Team unter Druck steht. Dabei gehört es auch zum interkulturellen Verständnis, dass sich nicht jeder Konflikt unbedingt lösen lässt. Es müssen aber Gelegenheiten vorhanden sein, in denen Gruppenmitglieder über ihre Unsicherheiten, Zweifel, Missverständnisse, Frustration und verletzte Gefühle sprechen können.

Woraus Konflikte und Spannungen in einer multikulturellen Gruppe entstehen können, soll an folgenden beiden Beispielen aufgezeigt werden:

Kontraproduktiv auf eine erfolgreiche Zusammenarbeit in der multikulturellen Gruppe wirkt sich u.a. die bevorzugte Vorgehensweise aus, wie Interessen durchgesetzt werden. So wählen (Hall, 1979) „Low-context cultures" (z.B. Deutsche), also Kulturen in denen möglichst alle Gedanken auch möglichst exakt verbal ausgedrückt werden, eher zu einer konfrontativen Vorgehensweise, hingegen suchen „High-context cultures" (z.B. Japaner) eher den lösungsorientierten Ansatz und versuchen in ihrem Vorgehen auf einen Kompromiss hinzusteuern. (Hall, 1979).

Desweiteren hat eine Fünf-Länder Studie (Strohschneider, 2004, S.25) bezüglich wertebasierender Unterschiede bei der Zusammenarbeit und Konfliktbewältigung ergeben, dass eine große Machtdistanz, wie sie typischerweise in Belgien anzutreffen ist, in Konfliktsituation zu wenig konstruktive Strategien führt. Hingegen sind Kulturen mit ausgeprägter Femininität (Dänemark und Niederlande) zu sehr konstruktiven Problemlösungen fähig.

3.5 Erkenntnisse aus dem Problemlösungsverhalten multikultureller Gruppen

Die Untersuchungen in den vorangegangen Kapiteln ergaben unterschiedliche Erkenntnisse bezüglich der Zusammenhänge von Kultur und Kreativität und über das Problemlösungsverhalten multikultureller Gruppen. Es lässt sich in folgende Hauptaussagen zusammenfassen:

- Kultur ist der Nährboden für Kreativität, Ideenfindung und letztendlich auch für Innovation.

- Ohne die in der Kultur vorhanden, vorgefertigten Denkmuster (Verhaltensweisen, Wertevorstellung, Lösungsansätze) würde jede Problemstellung zu einer komplexen, zeitaufwendigen und vielleicht unlösbaren Aufgabe werden. Jede Kultur hat dabei ihre eigenen Denkansätze, die über Generationen von den Eltern an die Kinder weitervermittelt wurden, um sie überlebensfähig (ökokulturelles Modell) zu machen.

- Aus der Vielfalt von Kulturen ergeben sich multiple Lösungsansätze zu Problemstellungen. Es kommt dabei auf die Mitglieder einer Gruppe an, wie gut sie diesen kulturellen Wert synergetisch und für neue Lösungsansätze nutzen und ausschöpfen. Die in der Kultur verborgenen „Mentefakten" (intuitives Wissen) tragen ebenso dazu bei, das Problem zu lösen, wie das angelernte Wissen und die Erfahrung (angesammeltes Wissen).

- Problemstellungen in einer multikulturellen Gruppe können mit Hochleistung vollzogen und zu ganz neuen Lösungen führen. Die Praxis zeigt jedoch, dass die Leistung von multikulturellen Gruppen nur ähnlich hoch ist wie bei monokulturellen Gruppen, wenn die vorhandene kulturelle Vielfalt nicht explizit genutzt wird. Sie kann sogar schlechter sein, wenn in der Gruppe kein gegenseitiges kulturelles Verständnis (stereotypisches Verhalten) vorhanden ist. Dann steigen die Effizienzeinbußen durch sachliche und persönliche Konflikte in der Gruppe.

- Bei schlecht strukturierten Problemen führt Heterogenität der Gruppe eher zu Prozessverlusten. Die verschiedenen mentalen Modelle behindern dabei eher das Problemlösen in komplexen Situationen.

- Kollektivistische Gruppen brauchen länger, um in einer neu zusammengesetzten Gruppe auf gute Ergebnisse zu kommen. Die Harmonieerhaltung in der Gruppe spielt eine größere Rolle, als der effektive Lösungsweg. Individualistische Gruppen lösen Aufgaben von Beginn mit gleicher Effizienz wie nach längerem Zusammenarbeiten. Zu den kollektivistischen Gruppen gehören vorwiegend die asiatischen Kulturen. Individualistisches Verhalten ist eher den westlichen Kulturen zu zuordnen.

- Multikulturellen Gruppen tendieren eher zu substanziell neuen Lösungsansätzen als monokulturelle Gruppen.

4   Einfluss kultureller Diversität auf den Innovationsprozess

Entwicklung braucht Kultur:

Kultur hat großen Einfluss auf das Handeln von Menschen und damit auf die Fähigkeiten einer Gesellschaft zur Entwicklung. Sie vermittelt ein Lebensgefühl, das innerhalb einer Gemeinschaft Identität und Werte stiftet. Damit ist sie Quelle von Kreativität und Innovation, kann aber auch Entwicklung hemmen und Freiheiten einschränken.

Ein Zitat der Deutschen Bundesregierung, im Rahmen des ersten Fachkongresses zum Thema Diversity Management (DiM, 2007) unter der Schirmherrschaft von Bundeskanzlerin Angela Merkel. (http://www.bundesregierung.de).

In der Wirtschaftsliteratur wurde mehrfach untersucht und aufgezeigt wie Diversity Management in einem globalen Unternehmen eingeführt bzw. durch das Human Capital Management gefördert werden kann. Fokussiert wird darin vielfach auf Managementansätze, die es ermöglichen sollen, die Herausforderungen und Schwierigkeiten in multikulturelle Arbeitsteams zu beherrschen. Nur sehr seltenen wird darin der direkte kausale Zusammenhang zwischen der Diversität und dem Innovationsvermögen untersucht bzw. nachgewiesen. Und nur vergleichsweise wenig Fallstudien, liefern empirische Ergebnisse, die sich aus der Komplexität von Diversität und Innovationsmanagement in einem Unternehmen ergibt. Doch besonders im Innovationsprozess gibt es kritische Faktoren, z.B. der zeitliche Verzug bis zur Markteinführung „Time to Market", die über den wirtschaftlichen Erfolg eines neuen Produktes mitentscheiden. Deshalb dürfen Schwierigkeiten die auf der kulturellen Diversität begründet sind, nicht einfach ignoriert werden.

Das Geheimnis von nachhaltigem Erfolg in einer sich rasch verändernden Wirtschaft ist laufende Innovation. Die ständige Bereitschaft, anders zu denken, den Mut neue Wege zu gehen und sich vom Bewährten und Eingeschliffenem zumindest stückweise zu trennen. Eine Arbeitsgruppe zusammengesetzt aus verschiedenen kulturelle Hintergründe bringen neue Denkweise, andere Aspekte und geben so die Möglichkeit neue Lösungsansätze zu finden. Die Fähigkeit neu zu kombinieren – nicht nur zu optimieren – und dadurch wirtschaftliche Entwicklungen hervorzurufen, ist Voraussetzung für jede Innovation. Diese beginnt im Kopf: Von der Assoziation zum Gedanken. Neues entwickeln heißt, überraschende Verbindungen herzustellen, in ungewohnte Verhältnisse zu denken oder auch spielerisch neue Lösungen auszuprobieren und das Gewöhnliche einmal aus einer anderen Perspektive zu betrachten. Oder wie Linus Carl Pauling11 sagte: *„The best way to have a good idea is to have a lot of ideas."*

4.1 Potentieller Wettbewerbsvorteil durch größere Innovationskraft multikultureller Teams

Die Bedeutung der Heterogenität eines Teams lässt sich nach Kochan (2003) wie in folgender Abbildung beschreiben. Dabei verwendet Kochan auch Eingangs- und Ausgangsgrößen, ähnlich wie das European Innovation Scoreboard, welches die Innovationskraft einzelner Länder misst. Die Eingangsgröße gibt den Grad der Diversität der betrachteten Organisation wieder. Wobei hier eine Diversität im weiteren Sinne gemeint ist, bei der neben den kulturellen Unterschieden auch die Altersverteilung und persönliche Fähigkeiten und Fachwissen berücksichtigt ist. Die Ausgangsleistung, das Ergebnis, welches die unterschiedlich diversifizierten Gruppen erbrachten, wird dann an bekannten betriebswirtschaftlichen Kenngrößen festgemacht: Umsatz, EBIT aber auch Kundenzufriedenheit und Mitarbeiterzufriedenheit.

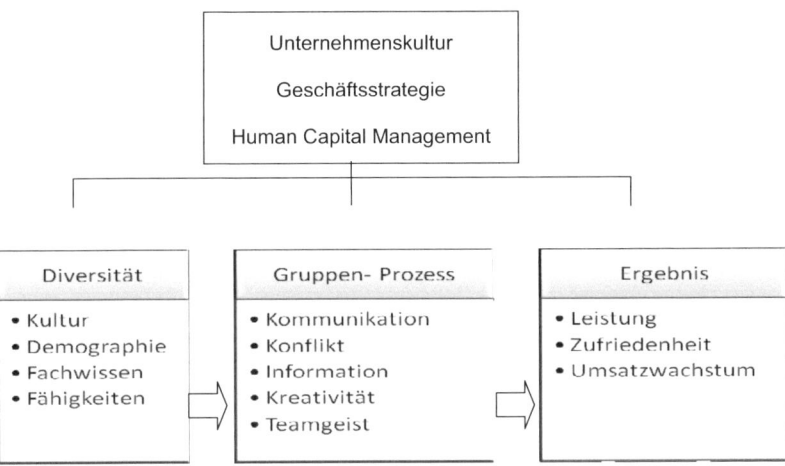

Abbildung 12: Einflüsse von Diversität auf den Gruppenprozess und das Ergebnis in einer Unternehmensorganisation. Kochan (2003)

---

[11]   Linus Carl Pauling (1901-1994) US-amerikanischer Chemiker deutscher Abstammung. Nobelpreisträger für Chemie (1954) und Friedensnobelpreis (1962) als besondere Auszeichnung für seinen Einsatz gegen Atomwaffentests. Neben Marie Curie der einzige Nobelpreisträger in unterschiedlichen Kategorien.

Zentral mitbestimmend für das Ergebnis aus dem Verhältnis Eingangs- zur Ausgangsleistung sind dabei die gruppendynamischen Prozesse. Am einfachsten vielleicht zu vergleichen mit einer Fußballmannschaft: Ein Star-Assemblee aus verschiedene hochkarätigen Feldspielern und einem guten Torwart erhöhen zwar die Erfolgsaussichten, der Erfolg ist jedoch nicht garantiert. Dieser hängt wesentlich vom Zusammenspiel der Einzel- spieler zusammen. Teamgeist, Kreativität ist ebenso von Bedeutung wie die Einzelleistung eines jeden Spielers. Die Rolle des Vereins und des Trainers, um beim Beispiel Fußball zu bleiben, übernimmt in der unter- nehmerischen Organisation die Unternehmensführung und das Human Capital Management. Letzteres muss ebenso wie der Trainer versuchen möglichst optimale gruppendynamische Prozesse zu finden, u.a. auch durch Vermeidung von Konfliktsituationen, um das maximal mögliche Ergebnis zu erzielen.

4.2 Schritte und Reichweite des Innovationsprozesses

Den Start des Innovationsprozesses gibt immer die Idee: Ohne Idee keine Innovation. Der gesamte Innovationsprozess im Unternehmen erstreckt sich jedoch von der Situation- und Marktanalyse und endet mit der Markteinführung des neuen Produkts. Bei der Ideengenerierung kom- men, wie schon im vorherigen Kapitel beschrieben, v. a. psychologische Aspekte wie Informationsverarbeitung, Kreativität, Intelligenz und Motivation und nicht zuletzt auch kulturelle Werte, zum tragen. Einige Prozessphasen sind von intensiver Gruppenarbeit geprägt, so dass hier eine effiziente Zusammenarbeit von höchster Bedeutung ist. Bei der Um- setzung und Vermarktung der Innovation stehen Themen wie Markt- und Kundenkenntnisse und die daraus abgeleitete Marketing-Strategie im Vordergrund. Macharzine (Abb.13) hat diesen Innovationsprozess in ein- zelne Phasen unterteilt. Hierbei ist jedoch anzufügen, dass Innovation heute überwiegend als komplexer, iterativer Prozess gesehen wird und nicht als einfacher, linearer Transfer von Forschungsergebnissen in die Wirtschaft. Innovation entsteht als Ergebnis längerer Interaktion zwi- schen Akteuren aus ganz unterschiedlichen Bereichen der Wirtschaft und Wissenschaft. Um die kulturellen Einflüsse auf die einzelnen Phasen des Innovationsprozesses in den folgenden Kapiteln besser aufzeigen zu kön- nen, wird im Rahmen dieser Untersuchung jedoch das lineare Modell verwendet.

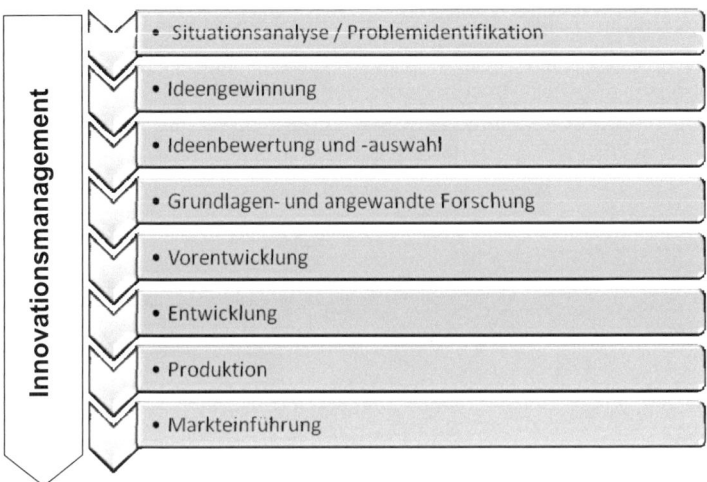

Abbildung 13: Reichweite des Innovationsmanagements.
In Anlehnung an Macharzine (2003, S.673)

4.3 Marktanalyse und lokale Marktkenntnisse

Die Innovationsforschung untersucht im Vorfeld eines Innovationsprozesses unter anderem die Akzeptanz der potentiellen Zielgruppe für die neue Technologie oder das neue Produkt. Diese kundenspezifischen Nachfrageverhalten und Bedürfnisstrukturen werden häufig durch Umfragen festgestellt, die im Anschluss daran statistisch ausgewertet werden. Neben den statistischen Aussagen, lassen sich aber auch interpretative Aussagen über die Akzeptanzchancen eines Produkts machen. Diese hintergründige Interpretation einer Befragung setzt aber voraus, dass die Person welche die Befragung auswertet die gleiche kulturelle Herkunft hat als die befragte Zielgruppe.

Hierzu schreibt Malik(2007): *Der Grund dafür, dass ein Großteil aller Innovationen fehlschlägt, liegt in den Missverständnissen zu diesem Thema. Innovationen entstehen immer am Markt und nicht im Labor.*

4.4 Innovation braucht viele Ideen

Auf der Such nach der Innovation stehen erfahrungsgemäß zu Beginn viele Ideen. In der Phase der Ideenfindung ist deshalb besonders darauf zu achten, dies nicht nur guten und tatkräftigen Fachkräften zu überlassen. Häufig wird hier nach Querdenkern gesucht, die in der Lage sind bestehende Situationen oder Problemstellungen von einer anderen Perspektive aus zu betrachten. Dies fällt besonders denjenigen Mitarbeitern schwer, die schon über längere Zeit in derselben Branche oder Produktgruppe, z.B. dem Vorgängermodell, beschäftigt waren. Hier kann eine multi-kulturelle Teamzusammensetzung dazu beitragen alte Pfade zu verlassen und neue Wege zu gehen.

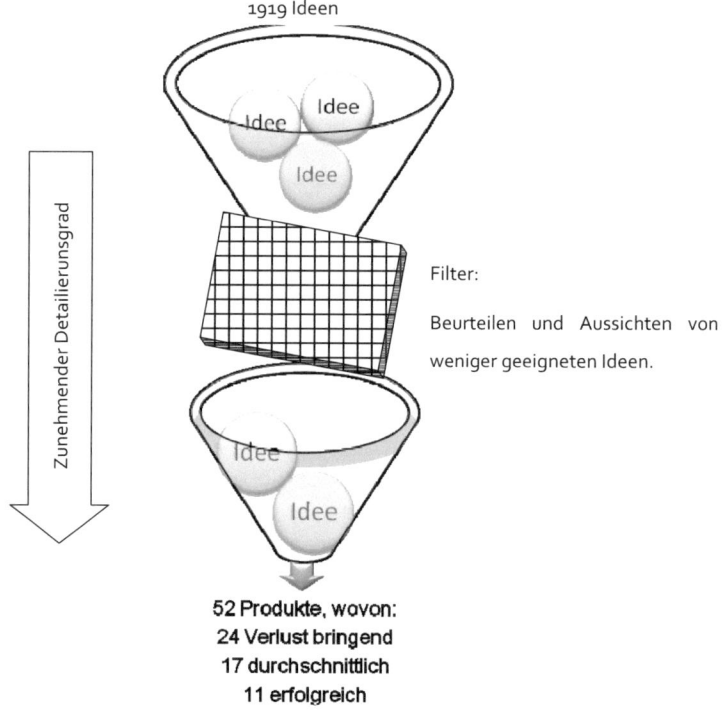

Abbildung 14: Von der Idee bis zum Produkt, in Anlehnung an eine Umfrage von Kienbaum (Bühler AG) und Schlicksupp, H. 1988, S.204

Dies wird in der Praxis sehr oft vernachlässigt. „(Wir) zwingen Menschen immer wieder in das Dogma der Gleichmacherei, wodurch ihnen [...] das Einzige, was sie wertvoll macht, geraubt wird, nämlich ihre Individualität, ihre spezifischen Stärken und Fähigkeiten" (1999, S.199). Nach Malik sind eine der größten Aufgaben des Managements, das Nutzen der Effektivitätsvorteile einer vielfältigen Mitarbeiterzusammensetzung und die Reduzierung der eventuellen negativen Folgen der Vielfalt: „Das größte

Wissen, die besten Talente, alle Intelligenz und Fähigkeiten bleiben wertlos, wenn sie nicht genutzt werden" (Malik 1999, S.400).

Diese kulturellen Unterschiede können der Arbeitsgruppe helfen sich von eingeschliffenen Pfaden zu lösen. Dieser „Think out of the Box" Effekt ist eine wichtige mentale Voraussetzung um neue Kombinationen von Bekanntem und somit Innovationen entstehen zu lassen.

4.4.1 Ideenbewertung und Umsetzung

In der Phase der Ideenbewertung und Umsetzung ist die fachliche Erfahrung von großem Nutzen. Hier muss die Spreu vom Weizen, die guten von den weniger guten Ideen getrennt werden. Ein Vorteil der explizit auf kulturelle Vielfältigkeit zurückzuführen ist, konnte hier nicht festgestellt werden. Csikszentmihályi (1996) zitierte in diesem Zusammenhang den Erfinder Jacob Rabinow wie folgt:

„Und man muss die Fähigkeit haben, den eigenen Schrott auszusortieren. (...) Man erkennt plötzlich, dass es nicht gut ist. Es ist zu kompliziert. Es ist nicht das, was der Mathematiker als „elegant" bezeichnet. Wenn Sie eine gute technische Ausbildung haben, erkennen Sie bei einer Erfindung auf den ersten Blick: Mein Gott, das ist ja furchtbar. Erstens ist es zu kompliziert. Zweitens hat man das früher schon mal versucht. Drittens hätte die Person drei einfachere Methoden dafür wählen können. Mit anderen Worten, man kann die Sache einschätzen. Das heißt nicht, dass die Person nicht kreativ war. Aber sie war einfach nicht kreativ genug. Wenn Sie gut ausgebildet wäre, wenn sie soviel Erfahrung wie ich hätte (...) würde sie erkennen, dass die Idee nicht wirklich gut ist. Es ist eine Idee, aber keine gute Idee."

4.5 Bewertung kultureller Einflüsse während der Phase der Produktentwicklung

In der Phase der Produktentwicklung wird wie schon bei der Ideenbewertung und Umsetzung empfohlen mit einem bereits gut funktionierendem und eigespieltem Team zu arbeiten. Wird ein neues Team im Rahmen eines Innovationsprojekts zusammengestellt, so empfiehlt es sich aus den Erkenntnissen des Kapitels 3.4:Höheres Konfliktpotential im Innovationsprozess, hier eher auf geringe kulturelle Komplexität zu achten. Dies lässt sich daraus begründen, dass es sich bei der Produktentwicklung typischerweise um eine sehr fachspezifische und erfahrungsträchtige Tätigkeit handelt die üblicherweise unter einem sehr hohen Zeitdruck steht (Time-to-Market). Eine (neue und unerfahrene) multikulturelle Gruppe würde hier zu viel Komplexität einbringen ohne unbedingt einen fachlichen Zugewinn zu erbringen. Das ansteigende Konfliktpotential könnte ebenfalls den Erfolg des gesamten Innnovationsprojekts gefährden.

4.6 Kulturelles Wissen, entscheidender Faktor für innovatives Produktmarketing und Marktinnovationen

Managing Diversity beinhaltet, dass ein gewinnbringendes Marketing mit der Strategie einer Personalpolitik verknüpft ist, welche die Diversität bewusst berücksichtigen. Nur wer für die Richtige, auf sein Geschäftsziel angepasste Diversität im Unternehmen achtet, kann in einer sich schnell veränderten Welt bestehen. Dies macht sich besonders gravierend im Bereich Marketing bemerkbar, wo es darauf ankommt Bedürfnisse der Märkte und Kunden zu erkennen, lukrative Marktnischen zu besetzten und die Vielfalt gewinnbringend umzusetzen. Denn nur mit einer soziologisch ähnlich zusammengesetzten Belegschaft und Führung kann ein Unternehmen auf eine immer stärker aufgefächerte und individualisierte Gesellschaft flexibel reagieren (siehe auch Systemtheorie nach Ashley (9, S.16). Entwickelt es sich von der Zusammensetzung seiner Angestellten her von der Kundenbasis weg, so verliert es über kurz oder lang den Zugang zur Kundschaft. So greift die Globalisierung im Wesentlichen in zwei Dimensionen auf das Marketing und den Vertrieb von Produkten ein: Zum einen hat sich der Zugang zu neuen bisher vielleicht nicht bearbeiteten Märkten vereinfacht, begründet durch die zusätzlichen Kenntnisse über die vorherrschenden Kundenbedürfnisse. Zusätzlich kann auf die multikulturelle Gesellschaft und hohe Kundendiversität in entwickelten Ländern mit eine breiteren und diskriminierungsfreien Marketingkommunikation eingegangen werden.

Maßgebend für den erfolgreiche Markteinführung eines neuen Produktes oder die Markterschließung ist die Assoziation die der Kunde mit der Marketing-Kommunikation und dem neuen Produkt verbindet. Diese Assoziationen werden unterbewusst aus den individuellen „Mentefakten", den unsichtbaren Kulturwerten, gebildet. Für die Werbestrategen ist es deshalb wichtig den richtigen „Nerv" bei den Kunden, mit ihrer Werbebotschaft, zu treffen. Neben dem nötigen „Fingerspitzengefühl" beim Entwickeln von einer Marketing-Kommunikation, ist das indirekte Ansprechen der „unsichtbaren" Mentefakten (Ruhly, Kap. 3.2.2) einer Kultur entscheidend die beiden nachfolgenden Beispiele zeigen. Anmerkung: Neben der Promotion die auf Assoziationen aufbaut, muss natürlich insgesamt der passende Marketing-Mix zu einem neuen Produkt evaluiert und bestimmt werden. Dazu gehören die 4P´s: Product, Place, Promotion, Price.

4.6.1 Beispiel „Rivella": Eine innovative, kulturbasierenden Produktidee

Anfang der fünfziger Jahre hatte ein deutscher Erfinder die Idee, aus Milchserum ein Bier herzustellen. Nachdem dies zwar technologisch gelang, konnte sich daraus dennoch nicht ein vermarktungsfähiges Produkt herstellen lassen. Der schweizerische Unternehmer Dr. Robert Barth kaufte sich jedoch die Rechte ab, sah aber kein Erfolg darin, aus Milch ein Bier herzustellen, wohl aber ein gesundes und natürliches Erfrischungsgetränk. Mit viel Mut und einer geeigneten Werbestrategie entwickelte Barth mit viel Erfolg das Milchserumgetränk „Rivella". Das Beispiel zeigt, wie ein Produkt durch eine kulturbedingte Marketingidee erfolgreich entwickeln konnte. Die Assoziation im Marketingkonzept ist im Fall Rivella das gesunde, aus Milchserum hergestellte Erfrischungsgetränk und die saubere schweizerische Natur und Bergwelt mit ihren zufriedenen Kühen. Diese spezielle, kulturell-basierte Assoziation ist in anderen Ländern nicht so stark vorhanden als in der Schweiz. Dies dürfte deshalb auch ein Hauptgrund dafür sein, weshalb sich das Produkt Rivella in keinem anderen Land, außerhalb der Schweiz, wirklich durchsetzen konnte. Obwohl in den 90er Jahren mit großem Marketingaufwand versucht wurde Rivella „grün" (Grüntee-Geschmack) in den britischen Markt zu platzieren. Leider ziemlich erfolglos.

Abbildung 15: Rivella, Schweizer Nationalgetränk. Nicht nur wegen der innovativen Flaschenmodelle erfolgreich.
Quelle: http://www.rivella.com

4.6.2 Beispiel: Frühstücksbutter, an die Kultur angepasste Marketing-kommunikation

Dass hinter einer erfolgreichen Marketingkommunikation mehr steckt als ein in die jeweilige Landessprache übersetztes Werbematerial, musste auch ein deutscher Butterhersteller lernen. Dieser hatte die Absicht, seine innovative Frühstücksbutter (Innovation: Butterstück für den Gastronomiebetrieb ohne Verpackung und mit erleichterter Servierhandhabung), in England mit derselben Marketingkommunikation einzuführen wie er dies schon zuvor erfolgreich in Deutschland vollzogen hat. Ein Kardinalsfehler, wie eine Studie von Franklin herausfand (2000, S.249-263). Denn speziell in der Werbesprache werden bewusst Wörter mit großer, möglichst positiv belegter Aussagekraft gewählt die beim Konsumenten eine gewisse Assoziation hervorrufen. Diese Terminologie lässt sich aber nur dann mit einer hohen Treffsicherheit finden, wenn man die Assoziation kennt, die in dem jeweiligen Kulturkreis mit dem Wort verbunden wird. Eine „normale" Übersetzung reicht hier nicht aus. In diesem Fall, war die englische Übersetzung des deutschen Produktnamens „Büffet Butter" einfach „buffet butter". Dies löst bei den meisten Briten jedoch eine negative Assoziation, über eine „unbefriedigend Esserfahrung", aus. In einer Umfrage mit einer Auswahl verschiedener Produktnamen welche die Blumenform der Butterstücke ausdrückten, wählten die Briten den Namen „Butter Rosette".

Abbildung 16: Links: Frühstücksbutter „Rosette". Rechts: Frühstück, nach typisch deutschen Vorstellungen.
Quelle: http://www.kuechenfee-butter.com
http://www.gastgewerbe.us/_pdf/05_10_Foodthemen_2005.pdf

Des Weiteren traf die Art der Fotobotschaft auf dem Werbematerial, ein reichliches und gesundes Frühstück (Brötchen mit Marmelade, Schinken und Käse, dazu noch Früchte), zwar den Appetit des deutschen Verbrauchers, für den britischen Konsumenten löst dies aber keine typischen Frühstücks-Assoziationen aus, wohl eher, ein gekochtes Frühstück mit Ei und Speck und einer Auswahl von Frühstückscerealien.

4.7 Multikultur fördert Innovation, kann jedoch die Effizienz mindern

Zusammenfassend lässt sich das Potential aus der kulturellen Vielfalt im Innovationsprozess wie folgt bewerten: Die zunehmende Globalisierung verlangt nach einer schnelleren und flexibleren Anpassung an die sich veränderten Marktbedürfnisse. Hierzu sind multikulturelle Organisationen besser in der Lage als Monolithische (Ashby, 9 S.16)[12]. Außerdem ermöglichen die Globalisierung und die globale Vernetzung, speziell für kleinere und mittlere Unternehmen, den Zugang zu neuen Märkten. Die positive Auswirkung des multikulturellen Einflusses auf den Innovationsprozess, muss sehr differenziert und für jede Phase getrennt beurteilt werden:

In den Phasen in denen Kreativität erforderlich ist, hilft der kulturelle Einfluss sich von bekannten Wegen zu lösen. Dies eröffnet das Potential sehr vielfältige Ideen und neuartige Lösungen entstehen zu lassen. Ein weiterer Vorteil von multikulturellen Teams zeigt sich in der Phase der Markteinführung in der spezifische Kenntnisse über den Markt und dem Assoziationsverständnis der Kunden ein entscheidender Erfolgsfaktor ist.

Hingegen gibt es Prozessphasen in denen das fachliche Wissen und die Erfahrung im Vordergrund steht, z.B. bei der Beurteilung der Machbarkeit und der Entwicklung und Produktion. Diese Phasen sind durch Routineabläufe gekennzeichnet. Von einer bewussten multikulturellen Einflussnahme ist eher abzuraten (Effizienzverluste, Konflikte). Hier „funktioniert" das einfachere, monokulturelle Modell besser.

---

[12] Hierfür sind jedoch noch weitere Voraussetzungen notwendig, die im folgenden Kapitel beschrieben werden. Eine Multikultur alleine, sichert diesen Vorteil und Erfolg noch nicht.

Zusammenfassend lassen sich für den Innovationsprozess folgende Entscheidungsempfehlungen ableiten:

Phase im Innovations-Prozess	Bewertung über den Einsatz von multikulturellen Teams:	Begründung
Markt- und Situationsanalyse	empfehlenswert	Bietet breitere Informationsplattform zu den verschiedenen Marktbedürfnisse, Konkurrenz-, Lieferanten- und Standortsituationen.
Ideenfindung	a.) empfehlenswert b.) sehr empfehlenswert	a.) Für inkrementelle Innovationen. b.) Für substanziell neue Innovationen
Ideenbewertung und selektion	wenig Bedeutung	Fachliches Wissen und Erfahrung stehen bei der Machbarkeitsabklärung im Vordergrund.
Vorversuche, Design und Produktion	abzuraten (*Ausnahme)	Fachliche Erfahrung und Routineabläufe stehen im Vordergrund. Gefahr von Effizienzverlusten. Ausnahme: Prozessinnovationen wie z.B. Kaizen/Lean Produktion
Markteinführung	sehr empfehlenswert	Für die richtige Platzierung und vor allem Kommunikation des neuen Produkts im Markt sind spezifische Kulturkenntnisse (Assoziationen: Beispiel Rivella und Frühstücksbutte) entscheidend für den Erfolg.

5 HCM - wichtigster Erfolgsfaktor für den multikulturellen Innovationsprozess

Der Begriff „Human Capital" deutet an, dass Mitarbeiter nicht als Resources, die verbraucht wird, betrachtet werden sollten, sondern als ein wertvolles Gut, das bewahrt und entwickelt werden sollte.

Friedman/Hatch/Walker (1999)

5.1 Ein auf Wertwachstum ausgerichtetes HCM

Ein scheinbar kleiner, aber entscheidender Unterschied wird zwischen den Definitionen „Human Ressource Management" (HRM) und „Human Capital Management" (HCM) gemacht. Während das HRM in seiner Funktion eher mit administrative Tätigkeiten (Gehaltskonto, etc.) beauftragt ist und organisatorisch meist als Stabstelle angesiedelt ist, liegt die Bedeutung beim HCM auf die Steigerung des Humankapitals. Funktional und organisatorisch ist das Human Capital Management der Geschäftspartner der Unternehmensleitung. Die Philosophie von HCM in einem auf Wertsteigerung ausgerichtetes Unternehmen, zeigt die nachfolgende Darstellung nach Hische:

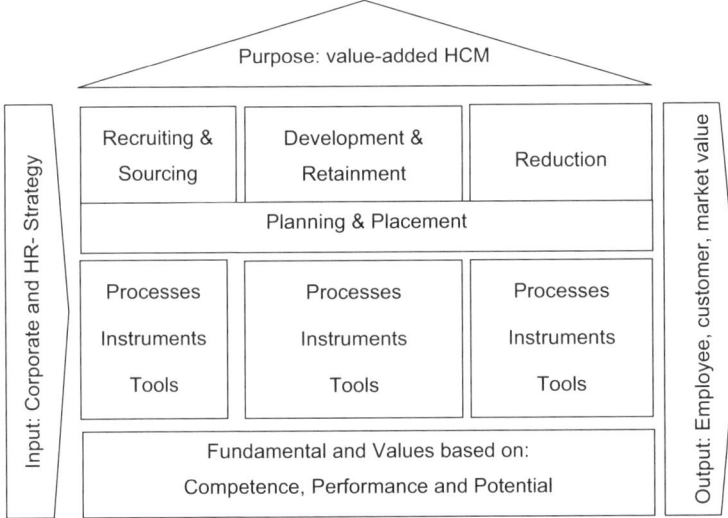

Abbildung 17: Auf Wertsteigerung ausgerichtete HCM- System. Hische (2006, S. 25)

Bezugnehmend auf die kulturelle Vielfalt im Unternehmen schreibt Barney (1991), dass die Ressource Diversity nicht nur geschützt werden soll,

46

sondern, im Hinblick auf die Wettbewerbsrelevanz, auch gefördert werden soll. Die Notwendigkeit dem Human Capital Management einen besonderen Stellenwert einzuräumen, besonders beim Arbeiten mit heterogenen Teams betonen, DiStefano und Maznevski (2000, S.46).

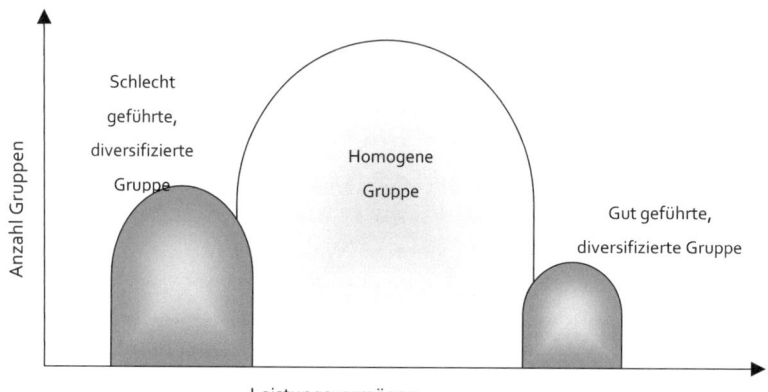

Abbildung 18: Leistungsvermögen mono- und multikultureller Gruppen
DiStefano / Maznevski (2000, S.46)

Nach der Aussage von DiStefano und Maznevski (2000, S.46-48) kommt es im Wesentlichen auf die Führung und das Umfeld im Unternehmen an, wie viel Leistung eine multikulturelle Gruppe erbringt (vergl. Kap. 3.3.2.). Einige der Grundvoraussetzung für eine gute Leistung sind:

- multikulturelle Unternehmenskultur
- innovationsfördernde Organisation und Kultur
- ein Human Capital Management welches Diversität im Unter - nehmen und die Innovationstätigkeit der Mitarbeiter fördert.
- geeignete Mitarbeiter

Sind eine oder mehrere dieser Grundvoraussetzungen nicht vorhanden und müssen diese erst erreicht werden, muss mit einem erheblichen Kosten- und Zeitaufwand gerechnet werden. Insbesondere wenn die gesamte Unternehmenskultur z.B. von einer Monolithischen in eine Multikulturelle umgewandelt werden soll, muss, je nach Unternehmensgröße, zwischen 6 und 15 Jahren eingeplant werden. Es wäre deshalb eine fatale Annahme mit enttäuschender Folge für alle Beteiligte, wenn z.B. von einer multikulturelle Gruppe ein Innovationsschub erwartet wird, im Unter-

nehmen jedoch vorwiegend eine monolithische Unternehmenskultur vor-
liegt.

5.1.1 Open- Innovation im wertebasierenden HCM- System

Am Rande sei hier auch noch auf den heute immer wieder auftretenden
Begriff „Open Innovation" eingegangen. Bei der Open-Innovation ergeben sich für das Human Capital Management nach dem Modell von Hische (Abb. 17) eine erweiterte Aufgabenstellung. Zusätzlich zu den Aufgaben der Personaleinstellung, Mitarbeiterentwicklung und Entlassung,
die das Ziel haben das Humankapital des Unternehmens zu erhöhen,
kommen bei der Open-Innovation eher Personalbindungen in Form von
Beraterverträgen zum Zuge. Die Schwierigkeit darin ist allerdings, geeignete Motivationsquelle der externen, temporären Projektmitglieder zu
generieren. Generell wäre eine erfolgsabhängige Bezahlung von Vorteil,
aufgrund der Tatsache, dass weniger als 1% der Eingangsideen in erfolgreiches Produkt resultieren (vergl. Abbildung 14: Von der Idee bis zum
Produkt, in Anlehnung an eine Umfrage von). Durch die langen Entwick-
lungszeiten von der Ideenfindung bis zur erfolgreichen Vermarktung des
Produktes können diese „Erfolgsbeteiligungen" jedoch nur mit hoher
Zeitversetzung erfolgen. Diese erfolgsabhängige Honorierung Kredit
könnte mit einer vorher vereinbarten Bonuszahlung abgegolten werden.

5.2 Bedeutung der Unternehmenskultur für den multi-kulturellen Innovationsprozess

Unternehmenskulturen sind keine statischen Gebilde sondern befinden
sich in einem ständigen Prozess der Veränderung. Gleichzeitig bilden die
Unternehmensgröße und die Unternehmenskultur die Grundvoraussetzung für einen erfolgreichen multikulturellen Innovationsprozess. Ein
kleineres und mittleres Unternehmen (KMU) welches sich vorwiegend in
einem regionalen Markt bewegt, wird vermutlich aus der kulturellen Diversität weniger Vorteile und Synergieeffekte erzielen können als ein
großer, weltweiter Konzern, schon vermutlich wegen den begrenzten finanziellen Mittel. Malik (2007) bemerkt hierzu: *Kreativität alleine nicht
reicht um eine Idee umzusetzen. Viele kleinere Unternehmen scheitern oft
mangels Geld und Managementkapazitäten, um Innovationsprojekte zu Ende zu bringen.* Aber selbst global tätige Unternehmen sollten erst selbst-
kritisch prüfen, ob sie über eine offene und änderungsfreundliche Kultur
nach Knut Bleicher (Wieland, 2006, S. 2) verfügen, bevor sie versuchen im
Innovationsprozess mit multikulturellen Teams zu arbeiten.

Ob eine Unternehmenskultur schon reif für einen multikulturellen Innovationsprozess ist, lässt sich anhand der Antworten aus folgenden Fragen bewerten:

— Wird Diversität im Unternehmen als Problem oder Chance wahrgenommen?[13]

— Wird die Herausforderungen „Diversität" erst in einzelnen Bereichen oder schon gesamthaft, angenommen oder nur angesprochen worden?

— Gibt es eine „Code of Conduct" und ein „Ethical Code" der den Umgang und das Verhalten mit der Vielfalt im Unternehmen beschreibt?

— Welchen Anteil nimmt die externe Kultur im Unternehmen ein? - Ist es eine Majorität oder Minorität?

Cox (1993) unterscheidet hier zwischen drei Niveaus von Diversität und deren Verhaltensmuster in einer Organisation:

Monolithische Organisation:	Externe Filter. Wehren Minoritäten ab und erhalten Homogenität aufrecht.
Plurale Organisation:	Interne Filter verhindern, dass Minoritäten sich wirksam einbringen können.
Multikulturelle Organisation:	Synergie-Effekte können erst hier realisiert werden.

Wie schon zuvor bemerkt sind verschiedene Maßnahmen und große Anstrengungen in einem Change Management Prozess notwendig, um eine Veränderung in der Unternehmenskultur herbeizuführen. Letztlich geht es bei einem solchen Wandel darum, gelebte Werte (ob Schlechte oder Gute) in einem Unternehmen zu ändern. Werte die von jedem einzelnen Mitarbeiter gelebt und getragen werden. Ein Wandel in einer Unternehmenskultur einzuleiten, muss deshalb an der Veränderung der Werte angreifen. Abbildung 19, zeigt den notwendigen Wertewandel um eine traditionelle Unternehmenskultur in eine Moderne überzuführen.

---

[13] Unter Diversität wird hier nicht nur die kulturelle Diversität gemeint, sondern auch z.B. die Gleichberechtigung von weiblichen und männlichen Arbeitnehmern, Konfliktlösungen zu Familie und Beruf (work life balance) oder flexible Arbeitszeiten.

Traditionelle Werte:	Neue Werte:
Disziplin	Selbstbestimmung
Gehorsam	Partizipation
Hierarchie	Team
Leistung	Bedürfnisorientierung
Karriere	Persönlichkeitsentfaltung
Effizienz	Kreativität
Macht	Kompromissfähigkeit
Zentralisierung	Dezentralisierung

Abbildung 19: Transformation er Unternehmenswerte. Wahren (2004, S. 349)

5.3 Innovationsfördernde Unternehmenskultur

Ein Wandel in der Unternehmenskultur fördert, so Wahren (2004, S. 347-352), die Loyalität der Mitarbeiter, welche eine hohe Bedeutung (Know-How Absicherung) für ein innovatives Unternehmen hat. Für den Innovationsprozess ist es wichtig, dass die Unternehmenskultur eine koordinierende und integrierende Wirkung erzielt. Dies ist dann der Fall, wenn die Werte auch von allen Mitarbeitern gelebt werden und sich ein „Wir-Gefühl" einstellt, wodurch die Kommunikation unter den Mitarbeitern erleichtert und der Entscheidungsprozess beschleunigt wird. Eine innovative Unternehmenskultur ist auf Vertrauen basiert und braucht deshalb Zeit zum wachsen.

Zusätzlich zu den aufgeführten Anforderungen an die Unternehmenskultur seitens Diversität, gibt es auch Maßnahmen die zu einer innovationsfreundlichen Kultur führen. Vahs (2005, S.361-364) benennt hierzu folgende Bedürfnisse der Mitarbeiter:

- Hoher Stellenwert von Innovationen
- Sicherheit für Mitarbeiter
- Kooperative Arbeits- und Führungskonzepte
- Umfassende Aus- und Weiterbildung der Mitarbeiter
- Unterstützung von Champions

- Verfügbarkeit von Informationen
- Zielgerichtete Kommunikation
- Kreative Freiräume
- Lernen aus Fehlern

5.4 Anforderungen an den Mitarbeiter

Die interne Weiterentwicklung eines Mitarbeiters oder die Rekrutierung eines neuen Mitarbeiters, steht unter dem obersten Ziel das Humankapital zu steigern. Die persönlichen Fähigkeiten und wie der Mitarbeiter diese einsetzt (Verhalten) sind nach Davenport (1999, S.19), neben Motivation und die Arbeitszeit, die wesentliche Faktoren um das Humankapital zu steigern.

Formel zur Berechnung des Humankapitals im unternehmen, Davenport (1999, S.19)

5.4.1 Interkulturelle Kompetenzen

Die persönlichen Kompetenzen für eine kulturübergreifende Zusammenarbeit beschreibt Franklin in: „Das Delta Konzept". Darin geht es um das erfolgreiche Zusammenwirken von interkultureller, sprachlicher und kommunikativer Kompetenzen, die im internationalen Geschäft erforderlich sind.

Interkulturelle
Kompetenz

Sprachliche
Kompetenz

Das

Delta

Konzept

Kommunikative
Kompetenz

Abbildung 20: Kompetenzen für das interkulturelle Business
Franklin (2005, S.6 und The Delta Concept, CD-ROM)

5.4.2 Mitarbeiterfähigkeiten zur Innovationssteigerung

Neben den kulturellen Kompetenzen gehören Kreativität und Eigenverantwortung des Mitarbeiters zu den wichtigsten Faktoren um innovativ tätig zu sein. *Die Quelle einer jeden Innovation ist immer der Mensch ."In der Vernachlässigung dieser Grundvoraussetzung liegt die wesentliche Ursache für die expandierende Innovationsschwäche innerhalb Deutschland"*, so Staudt (2002, S.33). Menschen sind dann innovativ, so Staudt, wenn bei ihnen die entsprechende Handlungskompetenz vorhanden ist. Dies setzt allerdings ein erweitertes und differenziertes Verständnis von Kompetenz voraus. Kompetenz zur Handlung basiert auf individueller Ebene in dem Zusammenspiel von:

- Handlungsfähigkeit als kognitive Basis

- Handlungsbereitschaft aus Motivation und

- die organisatorische Legitimation im unternehmerischen Kontext

Wahren (2004, S.34-37), benennt sechs Fähigkeiten die ein Mitarbeiter besitzen muss um innovative Leistung im Unternehmen erfolgreich generieren und umsetzen zu können.

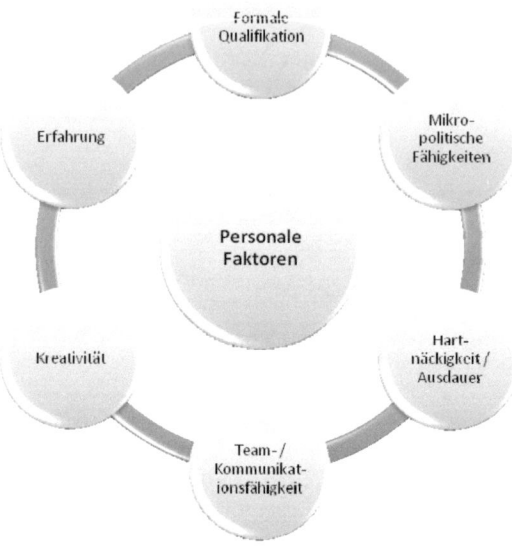

Abbildung 21:Anforderungen an den innovativen Mitarbeiter. Wahren (2004, S.34-37)

Formale Qualifikation: Hiermit wird die Wissensbasis und das Können des Mitarbeiter verstanden, welches er sich entweder durch eine entsprechende Berufsausbildung, ein Studium oder genügend lange Berufserfahrung angeeignet hat. Ohne diese Basis dürfte es schwer fallen in einem bestimmten Bereich Innovationen zu generieren.

Hartnäckigkeit und Ausdauer: Während Ideen mitunter wie ein „Blitz" auftauchen, erfordern deren Umsetzung in eine Innovation ein hohes Maß an Disziplin. Bekannte Beispiele zeigen, dass dabei sogar eine Versessenheit bis an den Rande der Selbstzerstörung nötig waren: so führte Edison 9000 Experimente für die Erfindung der Glühlampe durch, die ihn mehrfach an Rande des Konkurs gebracht hatten.

Team- und Kommunikationsfähigkeit: Ein großer Teil des Innovationsprozesses findet im Team und in Gruppenarbeit statt. Schon deshalb ist die Team- und Kommunikationsfähigkeit von größter Bedeutung bei der Rekrutierung oder internen Auswahl. In der Bewältigung ihrer kommunikativen Fähigkeiten, dem Umgang mit Meinungsverschiedenheiten, wie gemeinsame Entscheide gefunden und getroffen werden und auf die Art und Weise wie Kommunikation organisiert und visualisiert wird, davon hängt die Effektivität im Innovationsprozess maßgebend ab. Dies unterstreicht auch eine Studie der Wirtschaftswoche (Akademie für Führungskräfte der Wirtschaft) die zum Ergebnis kam, dass das Scheitern von Teams zu 97% auf Kommunikationsschwierigkeiten zurückzuführen ist.

Mikropolitische Fähigkeiten: In einem Unternehmen gibt es neben der offensichtlichen Ordnung und Rationalität auch immer mehr oder weniger versteckte Macht- und Positionsspiele. Wer seine Ideen und Meinungen durchsetzen will, muss auch an der richtigen Stelle seine Idee verkaufen und Fürsprecher dafür gewinnen können.

Erfahrung: Unter Fachleuten ist die Erfahrung da umstrittenste Personalkriterium. So meint z.B. Sutton (2002), dass Unkenntnisse bzw. Unerfahrenheit geradezu ideale Voraussetzungen für die Generierung von Innovationen sind- eine Meinung, die im Aufwind der New Economy stark forciert wurde und mitunter dazu führte, dass „Leute mit Erfahrung", wie Sprenger (2003) sarkastisch bemerkte, wie „Vorbestrafte behandelt" werden. Einigkeit herrscht jedoch in der Meinung, dass für die Bewertung ob eine Idee gut und werthaltig genug ist um am Ende Erträge erwirtschaften zu können, viel fachspezifische Erfahrung notwendig ist.

5.4.3 Mitarbeiteranforderungen aus der kombinierten interkulturellen und innovativen Zusammenarbeit

Werden die notwendigen Kompetenzen bzw. Fähigkeiten die sich aus der interkulturellen und innovativen Zusammenarbeit ergeben, in einer Matrix auf ihre Überdeckung untersucht, so ergibt sich folgende Situation:

1) Aus Franklin (2005, S.6)
2) Marx, Elisabeth (1999)

o = keine; X = wenig;

XX = überwiegende;

XXX = vollständige Übereinstimmung

		Kompetenzen für den Innovationsprozess						
		Kreativität	Erfahrung	Formale Qualifikation	Hartnäckigkeit und Ausdauer	Team- und Kommunikationsfähigkeit	Mikropolitische Fähigkeiten	
Kompetenzen zur interkulturellen Zusammenarbeit	Interkulturelle Kompetenz[1],[2]	X	X	X	X	XX	XX	8
	Sprachliche Kompetenz[1],[2]	o	o	o	O	XX	X	3
	Kommunikative Kompetenz[1],[2]	o	o	o	O	XXX	XX	5
	Stressbewältigung[2]	o	o	o	XX	o	X	3
	Anpassungsfähigkeit der Familie[2]	o	o	o	O	o	XX	2
	Flexibilität[2]	X	o	o	O	XXX	o	4
	Mobilität[2]	o	o	o	O	o	o	0
	Offenheit[2]	XX	o	o	O	XXX	X	6
	Geduldsamkeit[2]	o	o	o	XXX	X	X	5
	Fachliche Fähigkeiten[2]	o	XXX	XXX	O	o	o	6
	Eigenständigkeit[2]	o	o	o	XX	XX	XX	6
	Sensitivität[2]	X	o	o	O	XXX	XX	6
	Soziale Kompetenzen[2]	o	o	o	X	XXX	XXX	7
	Team Kompetenz[2]	o	o	o	O	XXX	X	4
		5	4	4	9	24	19	

Abbildung 22: Übereinstimmung der erforderlichen Mitarbeiterkompetenzen

Zusammengefasst ergibt sich folgendes Anforderungsprofil:

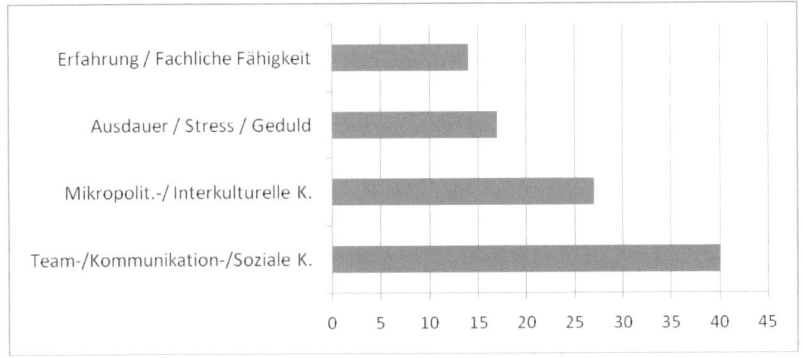

Abbildung 23: Mitarbeiteranforderungen für die interkulturelle und innovative Zusammenarbeit.

5.5 Mitarbeiterentwicklung für die Zusammenarbeit mit anderen Kulturen

5.5.1 Auslandseinsatz als Entwicklungsmaßnahme für den Mitarbeiter

So wie man eine Sprache am leichtesten dort lernt wo sie Landessprache ist, so erlernt man den Umgang mit anderen Kulturen am besten, indem man in einer fremden Kultur lebt und auch arbeitet. Die Entsendung eines Mitarbeiters in eine ausländische Außenstelle, kann somit eine erstklassische Entwicklungsmaßnahme für den Mitarbeiter darstellen, um sich selber im Umgang mit anderen Kulturen zu trainieren. Die Kurve der kulturellen Anpassung ist nach Hofstede (1997, S. 157-159) in vier Phasen unterteilt. Phase eins ist normalerweise von kurzer Dauer. Hierbei wird die ungewohnte Umgebung euphorisch betrachtet. In Phase zwei, wenn der Alltag in der neuen Umgebung beginnt, kommt es meist zu einem so genannten Kulturschock. Hofstede weist darauf hin, dass jede neue kulturelle Umgebung zu einem neuen kulturellen Schock führt. Danach beginnt die kulturelle Anpassung – die so genannte Akkulturation. Hier werden neue soziale Netzwerke aufgebaut. Phase vier kann unterschiedlich verlaufen und hängt vor allem damit zusammen, inwieweit Kulturschock und Akkulturation verarbeitet wurden. Unter Phase 4 lassen sich drei verschiedene Optionen erkennen:

a) Der Fremde wird zum Einheimischen. Hier kann es im Extremfall dazu kommen, dass der Fremde seine eigene Herkunft verleugnet oder verdrängt (Dissimilation). Gerade hier wächst die Xenophobie gegen alle

Fremden, welche die Person, an die eigene „mentale Programmierung"
erinnert.

b) Es kommt zu einer bi-kulturellen Anpassung, d.h. die Emotionen für die
„neue" Kultur und für die „alte" Kultur sind recht neutral. Es werden positive und negative Aspekte in beiden Kulturen gesehen und die Feststellung, dass es keine richtige oder falsche, keine bessere oder schlechtere
Kultur gibt steht im Vordergrund.

c) Der Fremde bleibt fremd. Hier fühlt sich der Fremde auch nach längerer
Zeit noch immer als Fremder. Die Unsicherheitsvermeidung ist recht
hoch, so dass es im Extremfall zu einer fundamentalistischen Wertehal-
tung kommen kann.

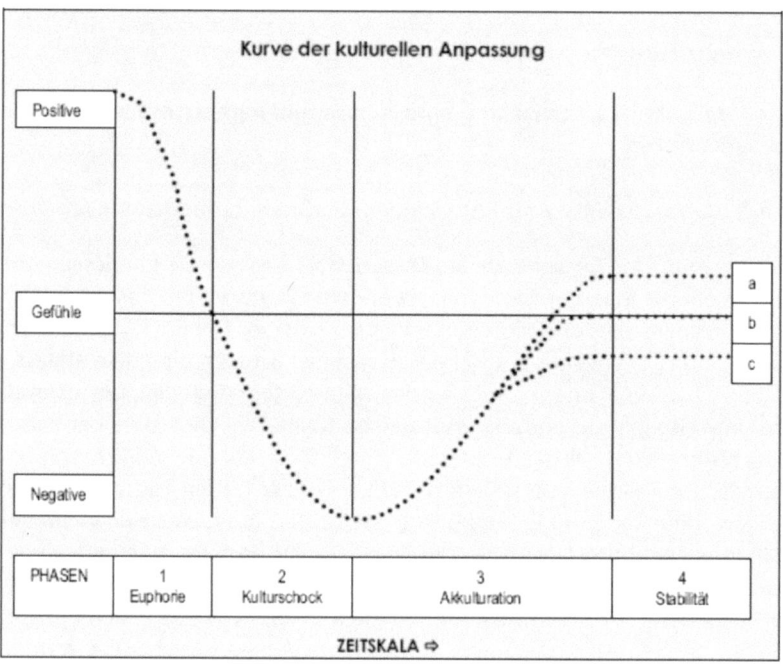

Abbildung 24: Kurve der kulturellen Anpassung. Hofstede, (1997, S. 288)

5.5.2 Interkulturelles Training zur Weiterentwicklung von Mitarbeitern

Die Zeit und das zur Verfügung stehende Budget für eine Entsendung ins
Ausland sind nicht immer ausreichend vorhanden. In solchen Fällen können Mitarbeiter mit verschiedenartigen interkulturellen Trainings weiter-
entwickelt werden.

Bei der Rekrutierung neuer Mitarbeiter ist auf das kulturelle Verständnis und auf die Offenheit gegenüber anderer Kulturen, zu achten. Zeit- und Kostensparend kann es deshalb sein, wenn der Kandidat schon „kulturerfahren" ist und vielleicht in der Vergangenheit schon einmal die Kurve der kulturellen Anpassung durchlebt hat und was ganz entscheidend dabei ist, diese auch als positive Entwicklung empfunden hat.

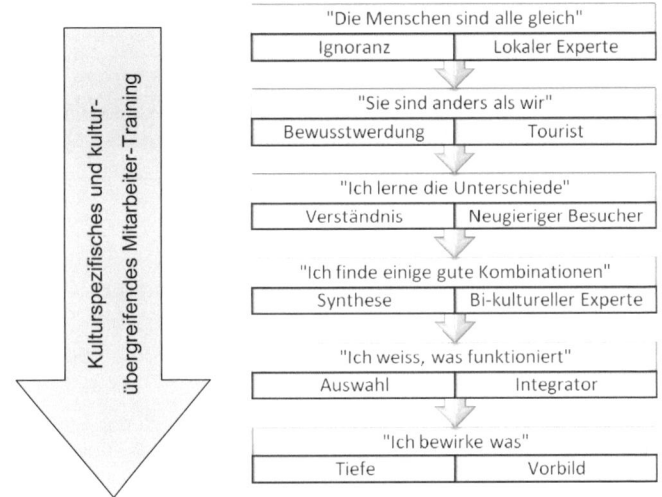

Abbildung 25: Entwicklungsphasen des interkulturellen Lernens
(In Anlehnung an Podsiadlowski, 2004, S.52, 134,135)

5.6 Wie lässt sich die interkulturelle Innovationsleistung im Unternehmen steigern? – Beispiel mit Balanced Scorecard

What Gets Measured Gets Done! (Giovannini, 2004, S.21)

Nach diesem Motto soll zum Abschluss dieser Untersuchung beispielhaft aufgezeigt werden, wie sich das strategische Ziel „Innovationsführerschaft" in einem globalen Unternehmen mit Hilfe der Balanced Scorecard (BSC) umgesetzt werden kann.

Die Balanced Scorecard Methode von Kaplan[14] / Norton[15] wurde gewählt, da sie sich besonders gut eignet, um Unternehmensziele in der Organisation einzubringen. Kennzeichnend für die BSC ist, dass strategische Unternehmensziele aus sehr unterschiedlichen Perspektiven betrachtet werden und nicht wie bei traditionellen Managementansätzen, ausschließlich von finanziellen Aspekten gelenkt wird. So werden die nichtfinanziellen (weiche) Faktoren wie Kunden, Mitarbeiter oder Wachstum ebenso eingebunden, was für eine langfristig hohe Wertschöpfung wichtig ist. Beim Auswählen der Kennzahlen zu jeder Perspektive, ist auf ein ausgewogenes, „balanced" Gesamtbild zu achten. Zur Beantworten der Eingangsfrage: „Wie lässt sich die interkulturelle Innovationsleistung eines Unternehmens steigern?" soll an der folgenden Fallstudie demonstriert werden.

Situationsbeschreibung:

Es handelt sich bei diesem Beispiel, um ein global aufgestelltes Unternehmen im Bereich Industrieanlagenbau für Bio-Kraftstoffe. Die Unternehmensleitung sieht eine Chance sich längerfristig durch hocheffiziente und innovative Verfahrenstechnik differenzieren zu können. Dadurch kann die weltweite Marktposition auch gegen Mitbewerber aus Billiglohn Länder verteidigt werden. Für das Unternehmen wurde eine Vision, ein Leitbild sowie eine Mission entwickelt.

---

[14] Robert S. Kaplan (*1940) ist ein amerikanischer Wirtschaftswissenschaftler und lehrt seit 1984 an der Harvard Business School. Er ist außerdem Ehrendoktor der Universität Stuttgart. Kaplan gilt als einer der weltweit führenden Vordenker im Bereich der Kostenrechnung und des internen Rechnungswesens und wirkte maßgeblich an der Entwicklung der Balanced Scorecard mit

[15] Dr. David P. Norton ist Mitgründer, Präsident und CEO der Balanced Scorecard Collaborative und Präsident der Palladium Group und entwickelt gemeinsam mit Kaplan die BSC.

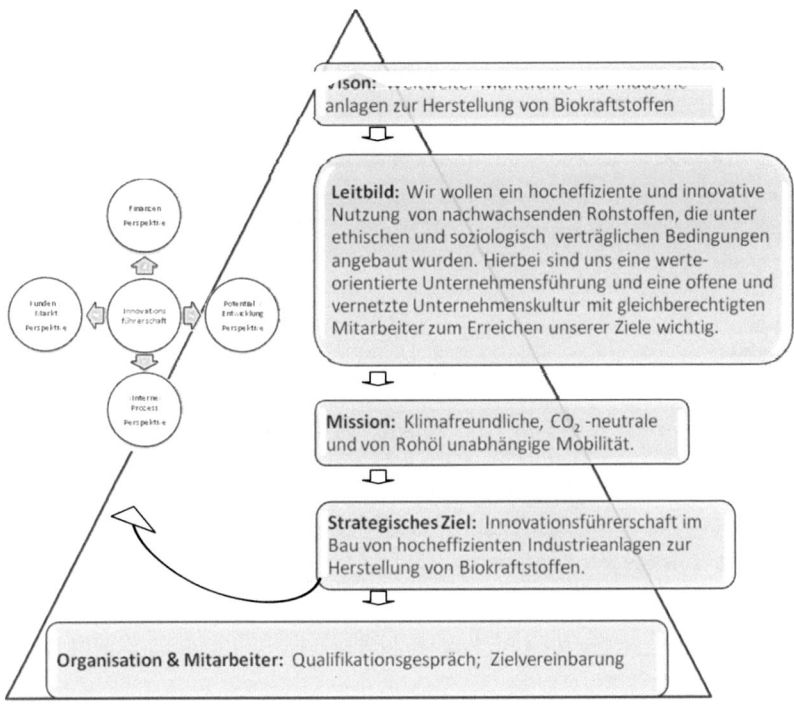

Abbildung 26: Von der Vision, zum strategischen Zielen zum operativen Handeln
Vergleiche (Kohlöffel, Die Konstanzer BWL, 2006, S.100)

„Structure follows Strategy":

Als werteorientierte Organisation sollen Ideen und Innovationen mehrheitlich im Unternehmen selbst werden und nur wenige Lizenzen etc. hinzugekauft werden. Die Organisationsform wurde ebenfalls am Unternehmensziel „Weltweite Innovationsführerschaft" ausgerichtet. So ist das Innovationsmanagement als Division in der funktionalen Organisationsform platziert.

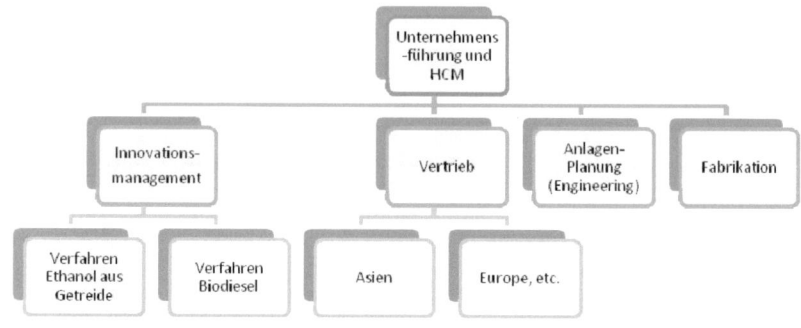

Abbildung 27: Innovationsmanagement wird in der funktionalen Organisationsform als Division angesiedelt.

„Strategy into Action":

In einem ersten Schritt wird das oberste Unternehmensziel: „Innovationsführerschaft" auf die HCM- Balanced Scorecard abgeleitet. Bei der Belegung der vier BSC-Perspektiven soll insbesondere das Innovationspotential das auf der kulturellen Diversität beruht, betont werden. Die Perspektiven werden wie folgt definiert:

Finanzen: Optimierte, innovationsbezogene Mitarbeiterkompensation

Kunden/Markt: Rekrutierung kulturell erfahrener und innovativer Bewerber

Interne Prozesse: Wandel in eine multikulturelle Innovationskultur

Potentiale / Entwicklung: Training und Weiterentwicklung der Mitarbeiter

Im Weiteren werden die Unterziele sowie deren Messgrößen über eine Ursachen-Wirkungs-Beziehung und sogenannten Treiberbäumen[16] entwickelt und definiert. Für ein erfolgreiches **Diversity Management,** soll auf folgende Aspekte besonders geachtet werden:

- Pluralismus leben
- Strukturelle Integration

---

[16] Über eine graphische Darstellung der Ursachen-Wirkungs-Beziehung, wird an dieser Stelle verzichtet, da sie im Kontext mit den vorhergehenden Kapiteln dieser Arbeit stehen.

- Integration in informellen Netzwerken
- Abbau von Vorurteilen und Diskriminierung
- Identifikation mit der Organisation
- Reduzierung von Konflikten

Zur **Förderung der Innovationstätigkeit** sollen folgende Aspekte umgesetzt werden. Die Messgrößen werden, wo anwendbar, an den Eingangs- und Ausgangsgrößen des Summary Innovation Index[17] des European Innovation Scoreboard angelehnt.

- Hoher Stellenwert von Innovationen
- Sicherheit für Mitarbeiter
- Kooperative Arbeits- und Führungskonzepte
- Umfassende Aus- und Weiterbildung der Mitarbeiter
- Unterstützung von Champions
- Verfügbarkeit von Informationen
- Zielgerichtete Kommunikation
- Kreative Freiräume
- Lernen aus Fehlern

---

[17] Siehe Kapitel 2.3: Messgröße für Innovation: Summary Innovation Index

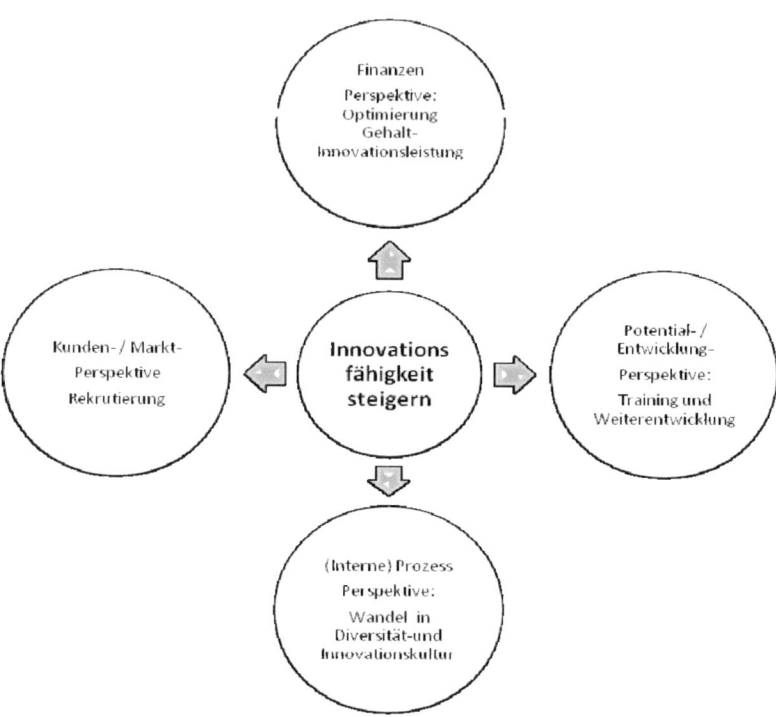

Abbildung 28: Perspektiven der HCM- Balanced Scorecard

Ziel / Treiber	Messgröße	Zielgröße
Diversität des Unternehmens:	Diversität im UN weltweit	
- Bereichsegoismen abbauen	Diversität in Entscheidungs-gremien	
Innovation aus kultureller Diversität	% Innovationen aus multi-/monokulturellen Teams	
Kulturelles Verständnis im Unternehmen: - Pluralismus leben - Reduzierung der Konflikte - Abbau von Vorurteilen und Diskriminierung	Mitarbeiterbefragung # Teilnehmer an WS UN-kultur # Verstöße gegen Verhaltens-regeln	
Kulturelle Diversität in folgenden Phasen des Inno-vationsprozesses: - Marktanalyse - Ideenfindung - Markteinführung	Diversität in den Teams (Anzahl beteiligter Kulturen): # # #	
Interner Innovationswettbewerb	# Teilnehmer an Wettbewerb # abgeschlossener KVPs	
Bildung informelle Beziehungsnetzwerke: Gegenseitiges Vertrauen der MA fördern	% Teilnehmer an informellen Diskussionsrunden % MA im Job-Rotation	
Weltweite Skill-Datenbank der Mitarbeiter	# der erfassten MA/Daten	
Weltweite HCM	% der Aus	

Perspective Finanzen:
Optimierung Personalkosten / Innovative Leistung

Ziel / Treiber	Messgröße	Zielgröße
Innovation	Aufträge aus neuen Produkten (% des Gesamtumsatzes)	
Innovationsgebundene Kompensation	% Incentive pro MA	
Mitarbeiter Kosten	Fehlzeiten / MA	
Delegationskosten	Kosten / delegierter MA	
Effizienz Innovationsprozess	Ø Monate, Beginn IN- Projekt bis Time to Market	
Mitarbeiter-Loyalität	% Fluktuationsrate	
	Rekrutierungskosten / MA	

Perspektive Kunden und Markt:
Weltweites, innovationsförderndes Rekrutierung

Ziel / Treiber	Messgröße	Zielgröße
Attraktivität steigern „Employer of Choice":	# Blindbewerbungen	
(Erneuerbare Energie = Zukunftsmarkt)	# Bewerber / Stellenausschreibung	
Vakante Stellen	Ø Tage bis Positionen wieder besetzt wird.	
Schlüsseltechnologien beherrschen	# Spezialisten, Technologieträger	
International erfahrene Neueinstellungen	Diversität bei Neueinstellungen	
Externe Innovationen / Networking	# Projekte mit Universitäten Forschungsanstalten	
Interne Rekrutierung von MA für Innovationsprojekte	% interne/externe Besetzung freier Stellen	
Innovationstreiber	% MA mit Ingenieurs- oder naturwissenschaftlichem Abschluss, im Alter von 20-29 Jahren.	
	% MA mit Hochschulabschluss im Alter von 25-64 Jahren.	

65

Ziel / Treiber	Messgröße	Zielgröße
Motivation / Innovationstätigkeit	# Mitarbeitergespräche / MA	
	% Mitarbeiter in IN-Prozess	
Interkulturelle Kompetenz: Kulturelles und interkulturelles Wissen, Bewusst-sein und Sensibilisierung, Erleben und Verhalten, Attributionen. Konfliktvermeidung	# Teilnehmer an kulturellen Training	
	# Tage pro Mitarbeiter	
	Kursbewertungsnote Teilneh-mer	
Erweitertes Fachwissen aus UN- Bereichen	% MA im Job-Rotation	
Schlüsseltechnologien / -positionen	# Weiterbildungstage / MA	
	# Patentanmeldungen	
	% intern / externe Lizenzen, Patente	
Lern- und Weiterbildung-Maßnahmen	% MA die zufrieden sind	
Auslandseinsatz als Personalentwicklungsmaß-nahme	% Expats / MA	
Kreativität und Eigenverantwortung	# Mitarbeitergespräche	
Team- und Kommunikationsfähigkeit	# Teilnehmer ws Teambuilding	
	# Teilnehmer Sprachtraining	
Gegenseitiges Verständnis und Vertrauen	% MA im Job-Rotation	
Innovationsträger „Champions" identifizieren	% Erfolgsquote geförderte Projekte	

Anmerkung:

= Anzahl

Die Spalte „Zielgröße" kann im konkreten Anwendungsfall noch mit ak-tuellen und pro rata Werten ergänzt werden. Dies ermöglicht ein frühzei-tiges Erkennen wenn das Endziel gefährdet ist und es kann mit entspre-chenden Maßnahmen der Kurs korrigiert werden.

Wichtig ist bei der Auswahl der Messgrößen darauf zu achten, dass diese die Kriterien des SMART-Prinzips erfüllen: **S**uitable = passend; **M**easu-rable = messbar; **A**greed = vereinbart; **R**eachable = erreichbar; **T**ime rela-ted = zeitbezogen.

66

Literaturverzeichnis

Allard, M.J. (2002): Theoretical underpinnings of diversity. In: Harvey, C.P. and Allard, M.J. (eds). Understanding and managing diversity: readings, cases and exercises. 2nd ed. Harlow: Prentice Hall. pp3–27.

Burr, Wolfgang (2004): Innovation in Organisation, Organisation und Führung, Herausgegeben von Dietrich von der Oelsnitz Jürgen Weibler, Stuttgart

Carter, Rita (1998): Maping the Mind. Orion Books Ltd., London

Chi-yue, Chiu (2008): Multicultural Experience Enhances Creativity Human Capital Leadership, University of Illinois; erschienen im American Psycholgist 4/2008.

Clackworthy, Dennis J. (**1994**): A Road Map to Cultural Competency.

Cox, Taylor (1993): Cultural diversity in organizations. Theory, Research & Practice. San Francisco: Berrett-Koehler.

Csikszentmihályi, Mihály (1996): Creativity, Flow and the Psychology of Discovery and Invention, Collins, Harper Verlag, New York.

Davenport, Thomas O. (1999): Human Capital: What It Is and Why People Invest It. San Francisco, CA: Jossey-Bass

Dürndorfer, Martina (2004): Human Capital Leadership, Wettbewerbsvorteile für den Erfolg von morgen, Murmann Verlag GmbH, Hamburg

DiStefano, Joseph J. & Maznevski, Martha L. (2000): Creating value with diverse teams in global management. Organisational Dynamics, Vol.29, Elsvier Sience.

Earley, P.Christopher (2002): Multinational Work Teams. A New Perspective. Lawrence Erlbaum Associates, London

European Commission (2007): European Innovation Scoreboard 2007, Comparative Analysis of Innovation Performance, Luxemburg

Förster, Wolfram (2007): Scenario for the future, European Patent Organization, München

Franklin, Peter (2001): 'Translating' the appeal of butter: a case study in cross-cultural marketing communication and its consequences for the E.F.L. curriculum." In: Pürschel, H. & U. Raatz (Hrg.)

Friederichs, Peter (2004): Human Capital Leadership, Wettbewerbsvorteile für den Erfolg von morgen, Murmann Verlag GmbH, Hamburg

Friedmann Brian, Hatch James, Walker David M. (199): Mehr- Wert durch Mitarbeiter. Luchterhand Verlag.

Giovannini, Maureen (2004): What Gets Measured Gets Done, Achieving Results Through Diversity, Journal FOR Quality & Participation,USA

Hall, Edward T. (1976): Beyond Culture. Anchor Press, Garden City, New York

Hall, Edward T. (1990): Understanding Cultural Differences. Keys to success in West Germany, France, and the United States, Yarmouth: Intercultural Press.

Hall, Kevan (2007): Speed Lead, Ways to Manage People, Projects and Teams in Complex Companies. Nicholas Brealey Publishing, London und Boston

Heringer, Hans Jürgen (2004): Interkulturelle Kommunikation, Grundlagen und Konzepte, Tübingen

Higgins, James M. (1998): Innovationsstrategien, Potentiale ausschöpfen, Ideen umsetzen, Marktchancen nutzen, Ulm

Hische, Volker (2006): Human Capital Planning & Placement, In: Planning and Placement, Konstanz

Hofmeister, Bettina (2006): Werte im Management, Chancen & Risiken einer werteorientierten Unternehmensführung, Saarbrücken

Hofstede, Geert (2005): Cultures and Organizations, Software of the Mind, McGraw Hill Companies, United States of America

Hofstede, Geert (2001): Culture's consequences, Comparing values, behaviors, institutions, and organizations across nations, California

Hofstede, Geert (1997): Lokales Denken, globales Handeln. Kulturen, Zusammenarbeit und Management, München: Verlag C. H. Beck

Holiday, Adrian (2006): Intercultural Communication, an Advanced Resource Book, London

Holm-Hadulla, Rainer M. (2005), Kreativität - Konzept und Lebensstil, Vandenhoeck & Ruprecht GmbH und Co. KG, Göttingen

Hopwood, Sally-Ann (2004): Towards an Understanding of the Relationship between Diversity and Innovation; International Journal of Knowledge, Culture and Change Management, Volume 4, 2004

Kobayashi, Kazuhiko (1996): Business mit Japan, was europäische Manager wissen müssen, München

Kochan, Thomas (2003): Effects of Diversity on Business Performance, Journal: Human Resource Management, Wiley Periodicals , Vol. 42, No. 1, USA

Kohlöffel, Klaus M. (2005): Strategy and Value Creation. In: Die Konstanzer BWL, Konstanz

Kohlöffel, Klaus M. (2000): Strategisches Management. Alle Chancen nutzen – Neue Geschäfte erschließen, Fachbuchverlag Leipzig

Lewis, Richard D. (1996): When Cultures Collide, Managing successfully across cultures, London

Lindstädt, Hagen (2004): Unterschiede in Effektivität, Variabilität und Intensitätsdrift von Führungsstilen. Rainer Hampp Verlag, München

Malik, Fredmund (1999): Große Aufgaben für das Personalmanagement. In: Das Wirtschaftsstudium, St.Gallen, Schweiz

Malik, Fredmund (2007): Management - Das A und O des Handwerks. Campus Verlag.

Marx, Elisabeth (1999). Breaking through cultural shock, Nicholas Brealey Publishing

Maznevski, Martha L. (2006): The value of different perspectives. In: Womancapital, Abcoude, Niederlande

Parker, Martin (2000): Organizational Culture and Identity, Unity and Division at Work, London

Podsiadlowski, Astrid (2004): Interkulturelle Kommunikation und Zusammenarbeit, Interkulturelle Kompetenz trainieren Mit Übungen und Fallbeispielen, München

Richard, Sennet (2000): Der flexible Mensch. Die Kultur des neuen Kapitalismus. Goldmann Verlag, Berlin.

Ruhly, Sharon (1976): Orientations to Intercultural Communication

Rüttimann, René (2003): Wie man das Rad erfindet, Marktnahes und ergebnisorientiertes Innovationsmanagement, Zürich

Scherm, Ewald (1999): Internationales Personalmanagement,

Schlicksupp, Helmut (1988): Produktinnovation. Wege zu innovativen Produkten und Dienstleistungen, Würzburg

Schumpeter, Joseph A. (1931): Konjunkturzyklus. Eine theoretische, historische und analytische Analyse des kapitalistischen Prozess. Göttingen

Schumpeter, Joseph A. (1950): Kapitalismus, Sozialismus und Demokratie, zweite, erweiterte Auflage, Bern: A. Francke AG Verlag

Schumpeter, Joseph A. (1961): Konjunkturzyklen. Eine theoretische, historische und statistische Analyse des kapitalistischen Prozesses. Göttingen, Vandenhoeck & Ruprecht

Schuppert, Dana (1994): Interkulturelles Management, Abschied von der Provinzialität, Wiesbaden

Sprenger, Reinhard K. (2003): Das Prinzip der Selbstverantwortung, Campus Verlag

Sutton, Robert (2002): Weird Ideas That Work, Simon & Schuster, Inc., New York

Strohschneider, Stefan (2004): Kulturelle Unterschiede beim Problemlösen, Otto-Friedrich-Universität, Institut für Theoretische Psychologie, Bamberg

Triandis, H. C. (1994): Culture and social behavior. New York: McGraw-Hill.

Trompenaars, Fons (2003): Managing People Across Cultures, New York: John Wiley & Sons

Vahs, Dietmar / Burmester, Ralf (2005): Innovationsmanagement. Von der Produktidee zur erfolgreichen Vermarktung, Stuttgart

Vaske, Hermann (1999): Why are you creative? Schmidt (Hermann) Verlag, Mainz

Vögtlin, André (2002): Innovation ist Planbar, Analysen Instrumente Konzepte, Zürich

Wahren, Heinz- Kurt (2004): Erfolgsfaktor Innovation, Ideen systematisch generieren, bewerten und umsetzen, Heidelberg

Walther-Klaus, Ellen (2005): Wissens- und Werte-Management, in Theorie und Praxis, Saarbrücken

Wieland, Josef (2006): Values and Value: Management of Cultural Diversity, in Kiem,Konstanz Institut für Werte Management.

Worman Dianah, Managing Diversity, Diversity Chartered Institute of Personnel and Development

Internetquellen

http://www.why-are-you-creative.com

http://www.proinno-europe.eu

http://ec.europa.eu/enterprise/innovation/index_en.htm#3

http://www.proinno-europe.eu

http://www.bundesregierung.de

http://www.capsuleinn.com

http://www.rivella.com

http://www.kuechenfee-butter.com

http://www.gastgewerbe.us/_pdf/05_10_Foodthemen_2005.pdf